는 메시지가 있을 때 글을 썼고, 그 메시지는 그가 자신의 삶에 적용해보고, 좋은 것이라는 것을 알았을 때에만 메시지가 되었다. 그는 실천을 통해 증명한 사실을 글로 남기고자 한 것이다."

제임스 앨런 콜렉션 첫 번째 책인 『제임스 앨런 원인과 결과의 법칙』은 전 세계 언어로 번역되어 출간돼 지 120년이 지난 지금까지 1억 5천 부 이상 판매된 제임스 앨런의 대표작과 그 속편을 엮은 것이다. 나폴레온 힐, 얼 나이팅게일, 밥 프록터를 비롯한 자기계발 구루들에 큰 영향을 끼쳤고 실제로도 이들의 추천도서로 가장 먼저 언급되는 고전 중의 고전이다. 내면 가치를 강조하는 20세기 이후 모든 자기계발서의 원류이자 원형 그대로의 메시지를 담았다.

옮긴이 박선영

영문학 학사, 영어 교육학 석사 과정을 마쳤다. 영국 복지단체 프로그램에서 1년간 활동하고 외국계 기업에서 7년간 근무했다. 외국어 교사, 기술 번역을 거쳐 현재 바른번역 소속 출판 전문번역가로 활동 중이다. 『깃털 도둑』, 『다윈의 실험실』, 『니체의 삶』, 『오래도록 젊음을 유지하고 건강하게 죽는 법』 등 다수의 책을 번역했다.

제임스 앨런

원인과 결과의 법칙

일러두기

이 책은 1902년 출간된 『As a Man Thinketh』와
1904년 출간된 『Out from the Heart』를 엮어서 만들었다.

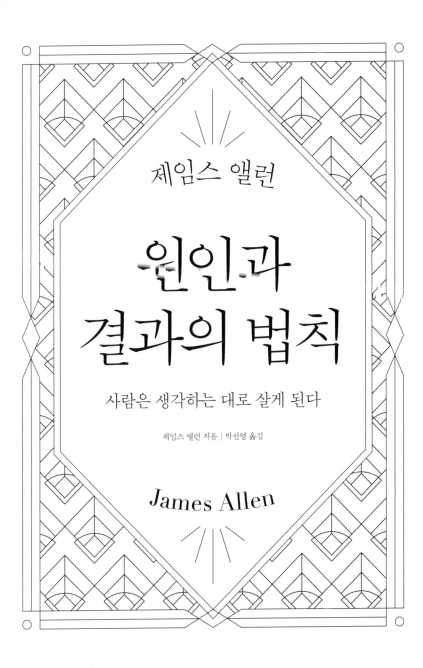

제임스 앨런

원인과 결과의 법칙

사람은 생각하는 대로 살게 된다

제임스 앨런 지음 | 박선영 옮김

James Allen

평생 소장 가치 200퍼센트인 책

성공학 분야의 선구자이자 자기계발 구루들에게 엄청난 영감을 주었던 제임스 앨런의 책 추천사를 의뢰 받았을 때, 참 기쁘고 감사했다. 얼 나이팅게일, 밥 프록터 등 존경하는 세계적인 대가들의 책에 추천사를 쓸 기회가 생긴다는 것은 인생에서 참 영광스러운 일이다.

16년 전, 멀쩡하게 다니던 대기업을 그만두고 미

국으로 달려갔던 때가 떠오른다.

나의 스승인 밥 프록터는 나폴레온 힐 철학의 계 승자이자 『시크릿』에 나왔던 멘토들의 멘토로 알 려진 세계적인 마스터다. 정통성과 원조를 중요하 게 생각하는 나는 '밥 프록터가 살아계실 때 가서 배 워야겠다!'는 소위 '무데뽀 정신'으로 무장한 채, 그 를 만나기 위해 모든 일을 뒤로하고 미국으로 향했 었다. 오직 열정뿐, 가진 것은 아무것도 없었지만 내 눈빛은 그 어느 때보다 빛나고 있었다. 그때는 몰랐 지만 나는 무의식적으로 이 책에서 이야기하고 있 던 것들을 내 삶에 적용하고 있었다.

밥 프록터의 한국 유일한 비즈니스 파트너로서 미 국에서 트레이닝을 받을 때, 『제임스 앨런 원인과 결 과의 법칙』은 꼭 읽어야 할 필독서로 꼽았었다. 이 책은 여러 번 반복해서 읽은 내 '최애' 인생 책 중 하나이기도 하다.

'사람들은 그들의 환경을 개선하려고 애를 쓴다.
하지만 그 자신을 개선하는 데에는 소극적이다.
그래서 그들은 늘 갇혀 있게 된다.'

이 책을 든 당신에게 이 문장은 어떻게 와닿는가?
처음에는 서투했다. 이건 이건, 나 자신을 개선하라는 말이 정확히 이해가 되지 않았다. 처절한 상황을 벗어나려고 아등바등했지만 바뀌지 않는 내 현실에 더 좌절했다. 태어날 때부터 가난했고 아팠고, 우울한 집안에서 태어난 것은 내 탓이 아니지 않은가? 나 자신을 어디서부터 어떻게 개선해야 한다는 것인지, 내가 뭘 잘못했다고 개선해야 한다는 것인지 도무지 이해가 되지 않았다. 그러나 내면의 힘을 가슴으로 이해한 순간부터 내 삶은 서서히 바뀌기 시작했다.

우리는 원인과 결과의 법칙이 작동하는 세상에서 살고 있다. 제임스 앨런의 말대로 이 세상은 법칙 위에서 돌아가고 있다. 만약 당신이 비참한 가난 속에서 돈을 볼 때마다 한숨만 쉬고 있다면 가난을 면치 못할 것이고, 힘든 상황에서도 마음은 풍요 속에 있다고 믿으면 빛나는 기회와 잠재력 가득한 현실이 나타날 것이다.

이 책 속의 말처럼, '사람은 자신이 원하는 것을 끌어당기는 게 아니라 이미 자신의 모습이라고 생각하는 것을 끌어당긴다' 즉, 마음속 '결핍'의 에너지 상태에 있는 것이 아니라, '행복'과 '풍요'의 주파수에 자신을 맞춰야 한다.

그런데 안타깝게도 대부분의 사람들은 자신 앞에 있는 문제를 해결하는 데 급급해서 가장 중요한 보이지 않는 단계를 전혀 생각하지 않는다.

『제임스 앨런 원인과 결과의 법칙』은 생각의 주인으로서 보이지 않는 내면의 힘을 이해하고 인생의 어느 부분을 고쳐야 결국 내 삶이 바뀌는지를 깨닫게 하는 책이다.

수많은 자기계발 구루들이 인생 최고의 책이라고 심상한 내는 이어끼 있기 않겠는가?

이 안에 삶을 바꿀 수 있는 비밀이 숨겨져 있기 때문이다. 사실 전 세계를 강타한 베스트셀러 『시크릿』의 원조 격인 책이라고 볼 수 있다.

전 세계 언어로 번역되어 출간된 지 120년이 지난 지금까지 1억 5천만 부 이상 판매된 제임스 앨런의 대표작과 그의 다른 책들이 이렇게 세 권의 콜렉션으로 묶여 한국에서 출간된다는 것이 너무도 기꺼다. 개인적으로 평생 소장하고 싶은 책이다. 밑줄을 그으며 그의 지혜를 내 것으로 만들고 싶고 나의 메모를 담은 책들을 대대손손 물려주고 싶기도 하다.

진리를 담고 있는 책은 너덜너덜해질 때까지 읽어도 새로 펼칠 때마다 또다른 깨달음을 얻게 한다. 글을 읽는 내내 마음에 와닿는 촌철살인의 말들이 많아 곳곳에 줄을 치고 메모를 하며 시간 가는 줄 모르고 읽었다. 하나하나 문장마다 가슴속에 새기고 다시금 반추해야 할 말들이 너무나 많다. 평생 소장 가치 200퍼센트인 책이다.

내 안의 기존 패러다임을 바꾸는 가장 쉬운 방법 중 하나는 진리가 담긴 책을 수없이 반복해서 읽는 것이다. 제임스 앨런의 깊은 통찰과 지혜가 당신의 세포 속속들이 스며들어 내면의 힘을 깨울 수 있도록, 이 책을 한 번만 읽지 말고 수없이 읽어서 당신의 잠재의식 속에 체화될 때까지 반복하기를 추천한다.

가장 빛나는 나 자신으로, 매 순간 나답게 피어오를 당신을 뜨겁게 응원한다.

조성희
마인드파워 스쿨 대표
밥 프록터 한국 유일 비즈니스 파트너

　이 책은 오랜 사색과 경험을 담은 기록이다. 그동안 '생각의 힘'을 주제로 한 핵심 철학들을 엮은 글모음집이다. 이 책은 명시적 설명보다는 함축적 언어로 쓰였다. 이 책의 목적은 자신이 선택한 가치와 생각하는 방식이 얼마나 중요한지 알리는 것이다. 따라서 "자신의 생각과 행동이 자신의 삶을 만든다"라는 진리를 발견하고 깨달아야 한다. 인간은 인격이라는 내면과 환경이라는 외부가 절묘하게 어우러

져 개인으로 만들어진다. 지금까지 그 정신이 무지와 고통으로 얼룩져 있었다면, 이 책에서 얻은 진리로 이제는 성공과 행복에 다가갈 수 있을 것이다.

제임스 앨런

♦ 2부 ♦
인생 불변의 법칙

1부

♠

당신의 생각이
운명을 결정한다

♠

As a Man Thinketh, 1902

1장

---◆---

운명을 스스로
개척하는 존재

---◆---

"사람은 자신의 생각에 따라 변한다"라는 격언은
사람의 존재 자체를 설명할 뿐만 아니라 삶의 모든
조건과 환경에도 적용되는 포괄적인 의미를 담고
있다. 사람은 말 그대로 자신의 생각 그 자체이며,
자신의 생각들을 모두 합한 것이 곧 인격이다.

　식물은 씨앗에서 싹을 틔워 자라고 씨앗이 없으면
존재할 수 없듯이, 사람이 하는 모든 행동은 생각이
라는 보이지 않는 씨앗에서 시작된다. 즉 생각이 없

이는 살아가지 못한다. 이 법칙은 의식적인 행동뿐 아니라, '무의식적'이고 '즉흥적'인 행동에도 똑같이 적용된다.

행동은 생각의 꽃이며, 기쁨과 고통은 그 열매다. 사람은 자신이 일군 생각의 밭에서 달콤하거나 씁쓸한 열매를 거둬들인다.

마음속 생각이 나를 만든다.
현재 나의 모습은
생각들이 모여 빚어지는 것
사람의 마음이 악한 생각을 품으면
수레바퀴가 소 발자국을 따르듯
고통이 따르나
맑고 깨끗한 생각을 소유한다면
제 주인을 따르는 그림자처럼
필히 행복이 따르리라.

인간은 세상 모든 곳에 적용될 법칙에 따라 살아가는 존재이지, 무규칙으로 만들어진 피조물이 아니다. 원인과 결과의 법칙은 눈에 보이는 물질세계에서와 마찬가지로, 보이지 않는 생각의 영역에서도 절대적이며 어긋나는 법이 없다. 성인聖人과 같은 고결한 성품은 호의나 우연의 산물이 아니다. 올바른 사고를 유지하려고 부단히 노력했기에 생겨난 사색으로의 결과이다. 즉 고결한 생각을 오래동안 마음에 간직한 결과다. 같은 이치로 졸렬하고 천박한 성격은 비굴하고 상스러운 생각을 계속해서 생겨난 결과이다.

　사람은 자신을 바로 세울 수도, 무너뜨릴 수도 있다. 우리는 생각이라는 무기 창고에서 자신을 파괴할 무기를 만들기도 하고, 화가 넘치는 대저택을 지을 도구를 만들기도 한다. 올바른 생각을 선택해 바르게 적용하면 성인의 경지에 다다르지만, 그릇된 생각을 선택해 잘못 적용하면 짐승의 수준으로 전락한다. 이 양극단을 조율하는 건 나의 생각이며 그 생각의 창조자이자 주인은 바로 나 자신이다.

지금까지 밝혀진 진리에 관한 모든 훌륭한 진실 가운데 우리에게 무엇보다 큰 즐거움과 자신감을 주는 사실이 있다면, 바로 사람은 자기 생각의 주인이자 인격 형성의 주체이며, 상황과 환경, 운명을 스스로 만들고 개척하는 존재라는 것이다.

사람은 힘과 지성, 사랑을 주고받는 존재이자 자기 생각의 주인으로서 어떤 상황이든 대처할 열쇠를 쥐고 있다. 자신이 바라는 모습으로 자신을 변화시키고 개선할 힘을 내면에 지니고 있다는 뜻이다.

사람은 힘을 잃고 자포자기 상태에 빠졌을 때조차 언제나 자기 자신의 주인이며 책임자이다. 그러나 나약하고 무기력한 사람은 자기 '집'을 제대로 다스리지 못하는 어리석은 주인이다. 자신의 상태를 반성하고 자기 존재를 바로 세울 법칙을 부지런히 찾아 나서야만 비로소 자신의 에너지를 현명하게 관리하고 생산적인 주제로 생각을 전환하는 지혜로운 주인이 된다. 그런 사람이야말로 깨어 있는 주인이며, 자기 내면에서 생각의 법칙을 발견하는 현인이 될 수 있다. 그런 법칙을 발견하는 것은 전적으로 실천과 자기 분석, 경험의 문제다.

금과 다이아몬드를 얻으려면 수없이 땅을 파고 광석을 캐내야 하듯이, 영혼이라는 광산을 깊이 파 내려가면 자신의 존재와 관련된 모든 진실을 찾을 수 있다. 사람은 자신의 인격을 형성하고 삶을 건설하고 운명을 개척하는 존재다. 자기 생각을 주의 깊게 관찰하고 통제하고 변화시켜 그 결과가 자신과 타인에 미치는 영향을 알아보고, 꾸준한 연습과 탐구를 통해 원인과 결과의 관계를 이해해야 한다. 아주 사소한 일을 포함한 모든 경험을 자신에 대한 인식, 즉 이해와 지혜, 힘을 획득하는 수단으로 활용한다면, 진리와 가까워질 것이다. 바로 이런 맥락에서 "구하면 찾을 것이요, 두드리면 열릴 것이다"라는 법칙은 절대적이다. 사람은 끈기와 실천, 집요한 노력이 있어야 지식의 전당으로 들어가는 문을 열 수 있기 때문이다.

James Allen

2장

♠

환경을 바꾸는
유일한 방법

♠

사람의 마음은 정원과 같아서 아름답게 가꿀 수도 있고, 황폐하게 버려둘 수도 있다. 하지만 가꾸든 버려두든 무언가는 반드시 자란다. 유용한 씨앗을 심지 않으면 쓸모없는 잡초 씨만 날아와 황무지처럼 잡풀만 무성하게 자랄 것이다.

　정원사가 정원을 가꿀 때 잡초를 뽑아내고 자신에게 필요한 꽃과 나무를 기르듯, 사람도 마음속에 자신만의 정원을 가꿀 수 있다. 그 정원에서 그릇되고 쓸모없고 불순한 생각을 없애버리고, 바르고 유용하며 순수한 생각의 꽃과 열매를 훌륭하게 가꾸는 것이다. 이런 과정에 힘을 쏟다 보면, 사람은 자기 영혼의 정원사이자 자기 삶의 지휘자임을 어느 순간 깨닫게 된다. 또한 자기 내면에 있는 생각의 법칙을 발견하게 되며, 인격과 환경, 운명을 형성하는 과정에서 생각의 힘과 심리적 요소가 어떤 작용을 하는지 점점 더 정확히 이해할 수 있다.

생각과 인격은 하나다. 인격은 환경과 상황을 통해서만 명확히 드러나기 때문에 삶의 외적 상태는 그 개인의 내적 상태와 밀접하게 연결되어 있다. 그렇다고 특정 환경이 그 사람의 인격 전부를 보여준다는 말은 아니다. 그보다는 그러한 환경이 그 사람 내면의 어떤 중요한 사고 방식과 밀접하게 관련되어 있으므로, 얼마 동안은 그 사람의 성장에 매우 중요한 역할을 한다는 말이다.

모든 사람은 존재의 법칙에 따라 지금 그 자리에 있다. 자신의 인격을 형성한 생각들이 현재의 모습으로 이끈 것이다. 인생의 전개에는 우연의 요소가 끼어들 자리가 없다. 모든 일은 한 치의 오차도 허용하지 않는 정확한 법칙의 결과다. 이 원리는 자신의 주변 환경에 만족해하는 사람이나 '불편함'을 느끼는 사람 모두에게 똑같이 적용된다.

인간은 진보하고 진화하는 존재로서 언제나 배우고 성장할 수 있는 위치에 있다. 그래서 어떤 상황이든 그 상황에 내포된 정신적 교훈을 학습하고 나면, 그 상황은 지나가고 다른 상황이 펼쳐진다.

사람은 자신이 외적 조건의 노예라고 믿는 한, 환경의 지배를 받는다. 그러나 자신이 창조적 능력을 지닌 존재이며, 보이지 않는 마음의 토양과 자기 존재의 씨앗을 이용해 환경을 바꿀 수 있다는 것을 깨닫는 사람은 자기 자신의 진정한 주인이 된다.

마음을 절제하고 정화하는 연습을 어느 정도 해본 사람이라면, 자신의 상황은 결국 생각이 낳은 결과인 것을 안다. 마음 상태가 어떻게 변하느냐에 따라 상황도 바뀐다는 사실을 경험으로 체득할 것이기 때문이다. 같은 맥락에서 자신의 단점을 고치려고 진심으로 노력해서 발전을 보이는 사람들은 인생의 크고 작은 어려움을 빨리 극복한다.

사람의 영혼은 마음속에 은밀히 품은 것들을 끌어당긴다. 소중히 여기는 대상뿐 아니라 두려워하는 대상도 끌어당긴다. 그리하여 그 영혼이 오랫동안 꿈꿔온 열망의 꼭대기에 이르기도 하고, 절제되지 않는 욕망의 나락으로 떨어지기도 한다. 환경은 영혼이 자신을 받아들이는 수단이다.

우리가 마음에 심은, 혹은 우연히 떨어져 뿌리 내린 생각의 씨앗은 언젠가는 행동으로 꽃을 피우고, 기회와 환경이라는 열매를 맺는다. 좋은 생각은 좋은 열매를 맺고, 나쁜 생각은 나쁜 열매를 맺는다.

상황이라는 외부 세계는 생각이라는 내부 세계에 맞추어 형성되며, 행복한 상황과 괴로운 상황은 모두 개인의 궁극적인 선善에 도움이 된다. 사람은 자신이 뿌린 대로 거두는 존재이기에 고통 안에서도, 행복 안에서도 배움을 얻는다.

깨끗하지 못한 생각의 환영을 뒤쫓든, 강하고 고귀한 소망의 진로를 따라가서 실리지든, 사람은 결국 자신을 지배하는 마음속 깊은 곳의 욕구와 열망과 생각을 따르며, 자기 삶의 외부 환경에서 결실과 성과를 얻는 상황에 도달한다. 성장과 조정調整의 법칙은 어디에나 적용된다.

사람이 감옥에 가거나 걸인 신세가 되는 것은 잔혹한 운명이나 환경 탓이 아니라 비굴한 생각과 천한 욕망 때문이다. 정신이 올바른 사람이 어떤 상황적인 이유로 갑자기 범죄를 저지르는 일은 없다. 남몰래 마음속에 품고 있던 잘못된 생각이 서서히 힘을 키우다 때를 만났을 때 모습을 드러내는 것뿐이다. 환경은 사람을 만드는 게 아니라 그가 어떤 사람인지 보여줄 뿐이다. 악한 마음을 멀리하면 범죄의 유혹에 떨어지는 일이 없는 것처럼, 선한 열망을 품지 않으면 행복의 경지에 오르지 못한다. 그러므로 사람은 자기 생각의 주인이자 지배자이며 환경을 설계하고 건설하는 주체인 것이다. 심지어 영혼은 태어나는 순간부터 자기 모습을 드러내며, 인생행로의 모든 단계마다 자신을 드러내는 상태들, 즉 자신의 순수함과 불순함, 강인함과 나약함을 드러내는 상태들의 조합을 끌어당긴다.

사람은 자신이 원하는 것을 끌어당기는 게 아니라 이미 자신의 모습이라고 생각하는 것을 끌어당긴다. 일시적인 생각이나 공상, 야망은 매 순간 힘을 잃지만, 가장 깊은 곳의 생각과 욕망은, 그것이 불순하든 순수하든 그 자체를 자양분 삼아 자란다. 우리의 최종 모습을 빚는 신은 우리 안에 있으며, 그것이 곧 우리 자신이다. 사람을 속박할 수 있는 존재는 자신뿐이다. 우리의 생각과 행동은 운명의 고약한 간수가 되어 우리를 구속하기도 하고, 자유의 숭고한 천사가 되어 우리를 자유롭게도 한다. 사람은 기도하는 대로 얻는 것이 아니라, 당연히 받아야 할 것을 얻는다. 소원과 기도는 그 사람의 생각과 행동이, 소원과 기도와 조화를 이룰 때만 충족되고 이루어진다.

이 말이 사실이라면, "환경에 맞서 싸운다"라는 말의 의미는 무엇일까? 그것은 환경을 일으킨 원인은 계속 마음에 품고 간직한 채로 겉으로 드러난 결과에만 저항한다는 뜻이다. 그 원인은 의식적인 악의 형태일 수도, 무의식적인 나약함의 형태일 수도 있지만, 그것이 무엇이든, 원인을 개선하려는 노력은 끈질기게 미루면서 겉으로만 요란하게 해결책을 부르짖는 것이다.

사람은 자신의 환경을 개선하기를 열망하면서 자기 자신을 개선하려고는 하지 않는다. 그래서 늘 현재 상태에 머물러 있다. 하지만 시련을 겁내지 않는 사람은 자신이 정한 목표를 반드시 이뤄낸다. 이것은 만고불변의 법칙이다. 단지 부를 얻는 것이 목표인 사람이라도 그 목표를 이루기 위해서는 큰 희생을 감내해야 한다. 하물며 굳건하고 안정된 삶을 원하는 사람이라면 얼마나 큰 희생이 필요하겠는가?

비참하게 가난한 한 남자가 있다. 그는 자신의 환경과 처지가 나아지기를 간절히 바라고 있지만, 보수를 적게 받는다는 핑계로 항상 일을 게을리하고 고용주를 속이는 것이 정당하다고 생각한다. 그런 사람은 진정한 성공의 가장 단순한 원칙조차 전혀 이해하지 못하는 것이다. 비참함에서 벗어나는 데 전혀 적합하지 않을 뿐 아니라, 게으르고 거짓되고 어리석은 생각에 머물러 있고, 그렇게 행동함으로써 더 비참한 상황으로 자신을 끌어당기고 있다.

음식에 대한 지나친 욕심으로 오랫동안 병을 앓은 한 부자가 있다. 그는 병을 고칠 수 있다면 돈은 얼마든지 낼 용의가 있지만, 식탐을 버릴 마음은 없다. 온갖 기름지고 인공적인 음식에 대한 욕구도 채우고 싶다. 건강하려는 하나, 이런 사람은 건강한 삶의 가장 기본이 되는 원칙을 아직 깨닫지 못했기 때문에 절대 건강하게 살 수 없다.

회사의 고용주도 마찬가지다. 직원들에게 정해진 임금을 주지 않으려고 꼼수를 쓰고, 더 많은 이익을 낼 욕심으로 임금을 삭감하는 사람이 있다. 이런 고용주는 대체로 성공하기 어렵다. 그는 회사가 파산해 돈과 명예를 모두 잃었을 때, 자신을 파멸로 이끈 장본인은 바로 자신이라는 사실은 알지 못한 채 환경만 탓한다.

위 세 가지 사례를 예로 든 이유는 환경을 만드는 사람은 (우리가 잘 의식하지는 못하지만) 자신이 며, 좋은 목표를 세우더라도 그 목표와 어울리지 않는 생각과 욕망을 키워 나가면 목표를 이루는 데 방해가 된다는 사실을 보여주기 위해서다. 이러한 예는 우리 주변에서 얼마든지 찾아볼 수 있다. 이 책을 읽는 사람들은 마음을 굳게 먹고 자신의 마음과 삶속에서 생각의 법칙이 어떻게 작용하는지 추적하여 그런 상황을 미리 방지할 수 있다. 그렇지 않은 사람들은 단순히 외적 사실에만 집착하여 자신을 진정으로 구렁텅이에 내몬 장본인이 무엇인지 깨닫지 못한다.

하지만 상황은 너무나 복잡하게 얽혀 있고, 생각은 마음 깊이 뿌리를 내리고 있으며, 행복의 조건도 사람마다 매우 다양하기 때문에, 한 사람 인생의 외적인 측면만 보고 그 사람의 정신 상태를 (본인은 알 수 있을지 몰라도) 남이 이렇다 저렇다 판단할 수 없다. 어떤 면에서는 정직하지만 궁핍한 삶을 사는 사람도 있고, 정직하지 않지만 부유한 삶을 사는 사람도 있다. 하지만 그 사람이 정직하기 때문에 궁핍하다거나 부정직하기 때문에 부유하다고 판단하는 것은 겉으로 드러난 모습만 보고 평가하는 일이나, 그러한 논리는 부정직한 사람은 거의 무조건 악하고, 정직한 사람은 거의 무조건 선하다는 전제가 깔려 있기 때문이다. 우리의 지식과 경험을 조금 더 확장해서 생각해 보면, 그런 판단은 잘못된 것임을 알 수 있다. 정직하지 못한 사람이라도 다른 사람들이 본받을 만한 훌륭한 장점이 있을 수 있고, 정직한 사람이라도 다른 사람들에게는 없는 고약한 단점이 있을 수 있다. 그래서 정직한 사람은 정직한 생각과 행동으로 좋은 결과도 거두지만 자신의 고약한 단점으로 고통도 겪는다. 그와 마찬가지로 정직하지 못한 사람 역시 고통과 행복을 모두 거둬들인다.

자신의 선함 때문에 고통받는다는 믿음은 인간의 헛된 자만심을 채워준다. 그러나 우리는 마음에서 모든 역겹고, 모질고, 불순한 생각을 뿌리 뽑고, 영혼에 깃든 모든 죄의 얼룩을 깨끗이 씻어낸 후에야 자신이 겪는 고통이 자신의 나쁜 성품 때문이 아니라 좋은 성품 때문이라고 당당하게 말할 자격이 있다. 그리고 최고의 완벽함을 향해 나아가다 보면, 비록 갈 길은 멀겠지만 그 과정에서 자신의 마음과 삶 가운데 작동하는 위대한 법칙을 발견하게 될 것이다. 그 법칙은 절대적으로 공명정대하여 선을 악으로, 악을 선으로 갚는 일이 없다. 이런 사실을 깨닫고 나면, 무지하고 맹목적으로 행동했던 자신의 과거를 돌아볼 때 인생은 과거에도 현재에도 언제나 공정한 법칙대로 흘러왔으며 지나온 모든 좋은 경험과 나쁜 경험은 발전과 퇴보를 오가는 자신의 행적이었음을 깨닫게 될 것이다.

선한 생각과 행동이 악한 결과를 불러오는 법은 없으며, 악한 생각과 행동이 선한 결과를 불러오는 법도 없다. 콩 심은 데 콩 나고 팥 심은 데 팥 난다. 사람들은 이 법칙이 자연계에 존재한다는 것을 알고 있으며 그 법칙에 맞추어 일한다. 하지만 그 법칙이 인간의 정신과 도덕 세계에도 존재한다는 것을 (그리고 자연계에서와 똑같이 단순하고 정확하게 작동한다는 것을) 이해하는 사람은 별로 없다. 그래서 많은 사람이 그 법칙을 따르며 살아가지 않는다.

고통은 어떤 면에서 잘못된 생각의 결과다. 그것은 고통을 겪는 개인이 자기 자신, 그리고 자기 존재의 법칙과 조화를 이루지 못했다는 증거다. 고통을 가장 잘 활용하는 유일한 방법은 쓸모없고 불순한 모든 것을 불태우고 정화하는 것이다. 순수한 사람에게는 고통이 멈춘다. 불순물을 제거한 금을 불에 달굴 필요가 없듯이, 완벽하게 순수하고 완전하게 깨달은 사람은 고통을 겪지 않는다.

고통스러운 상황은 정신의 부조화로 빚어진 결과이고, 행복한 상황은 정신의 조화가 낳은 결과다. 올바른 생각의 척도가 되는 것은 물질적 재산을 소유했는지가 아니라 행복이며, 그릇된 생각의 척도가 되는 것은 물질적 재산을 소유하지 못했는지가 아니라 불행이다. 그래서 불행하지만 부유한 사람도 있고, 행복하지만 가난한 사람도 있다.

행복과 부유함이 공존하려면, 그 부가 바르고 현명하게 쓰여야 한다. 가난한 사람은 자신의 운명을 부당하게 지워진 짐으로 여길 때만 불행의 나락으로 떨어진다.

결핍과 과잉은 불행의 양극단이다. 둘 다 자연의 이치에 어긋난 모습이며, 정신적 무질서의 결과다.

사람은 행복하고, 건강하고, 풍요로운 존재가 되기 전까지는 올바른 상태에 이른 것이 아니다. 행복, 건강, 풍요는 내면과 외부, 즉 사람과 환경이 조화를 이룰 때 나타나는 결과다.

우리는 불평과 비난을 멈추고 삶을 주관하는 숨은 이치를 찾아 나설 때 비로소 사람다운 사람이 된다. 그 이치의 요인에 순응하다 보면, 자신이 처한 상황이 원인을 다른 사람의 탓으로 돌리는 것을 멈추고, 강하고 숭고한 생각을 확립하게 된다. 환경에 저항하던 것을 멈추고 자신의 발전에 도움이 되는 수단으로 사용하게 되며, 자기 내면에 숨겨진 힘과 가능성을 발견하는 도구로 활용하게 된다.

우주를 지배하는 원리는 혼돈이 아니라 법칙이다. 삶의 정신과 본질은 불의가 아니라 정의다. 인간의 정신세계를 형성하고 움직이는 힘은 거짓이 아니라 정직이다. 그렇기 때문에 사람은 우주가 올바르다는 것을 발견하려면 자신을 바로잡기만 하면 된다. 자신을 바로잡는 과정에서 세상과 사람들에 대한 내 생각이 바뀔 것이며, 나를 둘러싼 세상과 사람들의 모습도 바뀔 것이다.

이 진리의 증거는 모든 사람에게 있으므로, 각자 자신을 성찰하고 분석해 보면 쉽게 알 수 있다. 사람이 생각을 근본적으로 바꾸면, 자기 삶의 물질적 환경에도 빠른 변화가 생기는 것을 보고 깜짝 놀라게 될 것이다. 사람들은 자기 생각을 숨길 수 있다고 믿지만 그렇지 않다. 생각은 곧바로 습관으로 나타나고, 습관은 환경으로 굳어진다. 이런저런 불순한 생각은 무기력하고 혼란스러운 습관으로 나타나며, 이 습관은 정신을 산만하게 하고 불행을 가져오는 환경으로 굳어진다. 두려움과 의심과 우유부단함은 나약하고 비겁하며 망설이는 습관으로 나타나, 실패와 빈곤, 의존적인 환경을 만든다. 게으른 생각은 깨끗하지 않고 정직하지 못한 습관을 낳아, 궁핍한 환경으로 굳어진다. 증오와 원망에 찬 생각은 비난과 폭력을 행사하는 습관으로 나타나, 남을 해치고 괴롭히는 환경을 만든다. 온갖 이기적인 생각은 자기중심적인 습관으로 구체화되어, 괴로운 환경으로 굳어진다. 반면에 모든 아름다운 생각은 품위 있고 친절한 습관으로 표출되어, 밝고 온화한 상황으로 변한다. 순수한 생각은 절제와 자제력이 습관을 만들어, 평화롭고 안락한 환경으로 자리 잡는다. 용기와 자립심, 결단력이 있는 생각은 씩씩하고 용감한 습관으로 구체화되며, 이 습관은 성공과 풍요로움, 자유를 누리는 환경으로 이어진다. 활력이 넘치는 생각은 깨끗하고 성실한 습관을 만들어, 유쾌한 환경을 조성하며, 온화하고 너그러운 생각은 친절한 습관으로 나타나 자신을 보호해 주는 환경을 만든다. 다정하고 배려심 깊은 생각은 희생적인 습관으로 구체화되어, 성공과 부가 따르는 환경을 이끈다.

좋은 생각이든 나쁜 생각이든, 어떤 생각이 꼬리에 꼬리를 물고 이어진다면, 그것은 사람의 성격과 환경에 영향을 줄 수밖에 없다. 사람은 자신의 환경을 직접 선택할 수는 없지만, 생각을 선택할 수는 있으므로 간접적이지만 확실하게 자신이 원하는 환경을 만들 수 있다.

자연은 사람이 가장 적극적으로 키우는 생각이 충족되도록 돕는다. 그 생각이 선하든 악하든, 최대한 빨리 세상 밖으로 드러날 기회를 준다.

그러므로 사람이 악한 생각을 멈추면, 온 세상이 그를 부드럽게 대하며 도울 준비를 할 것이다. 나약하고 병든 생각을 멀리하면, 굳센 결심을 도와줄 손길이 어디서든 나타날 것이며, 선한 생각을 키워 나가면, 아무리 가혹한 운명을 만나도 비참하고 수치

스러운 삶으로 떨어지지 않을 것이다. 세상은 만화경과 같다. 매 순간 다양한 색의 조합으로 끊임없이 변화하는 우리의 생각을 절묘하게 드러내기 때문이다.

그러므로 당신은 뜻하는 대로 될 것이다.

실패자는 '환경'이라는 애처로운 말로

그릇된 이유를 찾지만

정신은 그것을 비웃으며 환경에 구속받지 않는다.

정신은 시간을 지배하고 공간을 정복한다.

'운명'이라는 허풍쟁이 사기꾼을 밀어내고

'환경'이라는 폭군에게 명하여

왕관을 벗고 하인의 자리로 가라 한다.

인간의 의지는 불멸의 영혼이 낳은

보이지 않는 힘

화강암 같은 장벽에 부딪혀도

어떤 목표든 길을 만든다.

늦었다고 조급해하지 마라.

이치를 깨친 자처럼 기다리라.

정신이 깨어나 명령을 내릴 때까지.

신들은 따를 준비가 되어 있으니.

3장

♠

올바른 가치관은
건강한 몸을 만든다

♠

육체는 정신의 하인이다. 의도적으로 선택되었든, 무의식적으로 표출되었든, 육체는 정신이 작용하는 대로 따를 뿐이다. 부도덕한 생각에 사로잡히면 몸이 쉽게 늙고 병들며, 즐겁고 아름다운 생각에 물들면 젊고 아름다운 몸을 얻는다.

환경이 그렇듯, 질병과 건강도 생각에서 비롯된다. 병든 생각은 병든 몸으로 나타난다. 공포심은 총알처럼 빠르게 사람을 죽이는 것으로 알려져 있다.

실제로 총알만큼 빠르지는 않지만 그만큼 확실하게 수많은 사람을 끊임없이 죽음으로 몰아가고 있다. 병을 두려워하며 사는 사람은 병에 걸리기 쉽다. 불안감은 몸의 기운을 떨어뜨려 병에 쉽게 굴복하게 만들고, 불순한 생각은 생각만으로도 신경계를 금방 망가뜨린다.

반면 강하고 순수하고 행복한 생각은 몸을 활기차고 우아하게 만든다. 우리 몸은 섬세하고 유연한 도구이므로 마음속에 품은 생각에 곧바로 반응하며, 습관이 된 생각은 좋든 나쁘든 몸에 영향을 준다.

깨끗하지 못한 생각을 키우는 한, 깨끗하지 못한 오염된 피를 계속 갖게 될 것이다. 깨끗한 삶과 깨끗한 몸은 깨끗한 마음에서 생겨난다. 더러운 삶과 쇠약한 몸은 더러운 마음에서 나온다. 우리의 행동, 우리의 삶, 우리에게 일어나는 일들은 모두 생각이라는 원천에서 나오기 때문에 그 원천을 맑고 깨끗하게 하면, 모든 것이 맑고 깨끗해진다.

식습관을 바꾼다고 한들, 생각이 바뀌지 않는 한 건강에는 도움이 되지 않는다. 생각을 깨끗하게 하면, 깨끗하지 않은 음식을 저절로 탐하지 않게 된다.

깨끗한 생각이 깨끗한 습관을 낳는다. 자신을 깨끗이 하지 않는 성자聖者는 성자라 할 수 없다. 생각을 맑고 깨끗하게 단련해 온 사람은 병균을 두려워할 필요가 없다.

몸을 건강하게 하고 싶으면 마음을 건강하게 하라. 몸을 새롭게 하려면 마음을 아름답게 가꾸라. 마음에 품은 악의, 시기, 실망, 낙담은 몸에서 건강과 품위를 앗아간다. 심술궂은 인상은 어쩌다 생기는 게 아니라 심술궂은 마음에서 나온다. 보기 싫은 주름살은 어리석음과 분노, 자만심 때문에 생긴다.

내가 아는 사람 중에는 아흔여섯의 나이에도 밝고 순수한 얼굴을 한 노부인이 있고, 중년이 안 된 나이에도 주름이 가득한 남자가 있다. 노부인의 얼굴은 밝고 상냥한 마음이 낳은 결과이며, 남자의 얼굴은 불만과 분노가 낳은 결과다.

집에 신선한 공기와 햇빛이 잘 들어야 쾌적하고 건강한 거처가 되듯이, 즐겁고 선하고 평온한 생각들이 마음속에 가득 들어야 튼튼한 몸과 더불어 밝고 행복하고 평온한 얼굴이 된다.

나이 든 사람의 얼굴에는 연민이 만든 주름이 있다. 강인하고 순수한 생각이 만든 주름이 있는가 하면, 불같은 성격이 남긴 주름도 있다. 그 차이를 구분하지 못할 사람이 있을까?

바르게 살아온 사람들은 저무는 해처럼 고요하고 평온하고 아름답게 나이 든다. 나는 얼마 전 한 철학자의 임종을 지켜보았는데, 그는 나이만 들었을 뿐 얼굴은 전혀 노화하지 않았고, 자신이 살아온 인생처럼 아름답고 평화롭게 눈을 감았다.

육체의 병을 물리치는 데는 즐거운 생각만큼 좋은 의사가 없다. 슬픔과 비탄의 그림자를 몰아내는 데는 선한 마음만큼 위로가 되는 것이 없다. 악의, 냉소, 의심, 질투를 마음에 품고 살아가는 것은 스스로 만든 감옥에 갇혀 사는 것과 같다. 모든 것을 좋게 생각하고, 모든 것을 즐겁게 받아들이고, 모든 것에서 좋은 점을 발견하는 법을 꾸준히 연습하라. 그런 이나직이 생각들은 글 신곡으로 들이기는 문이 같다. 세상의 모든 존재를 향해 화합하는 마음을 품고 하루하루를 산다면 넘치는 평화가 찾아올 것이다.

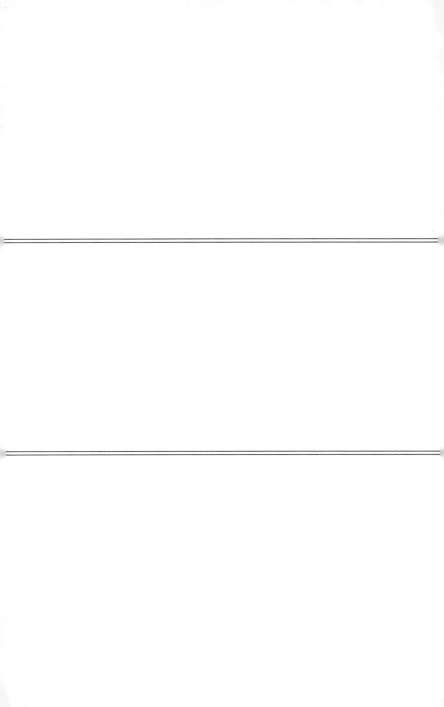

4장

위대한
목표를 설계하라

생각은 목표와 연결되어야 지적 성취를 이룰 수 있다. 대부분 사람은 생각이라는 배를 삶이라는 바다 위에서 표류하도록 내버려 둔다. 그러나 목표 없이 살아가는 것은 죄나 다름없다. 재앙과 파멸을 피하고자 한다면 목적 없이 표류하는 삶을 멈추어야 한다.

삶의 중심 목표가 없는 사람은 사소한 걱정, 두려움, 고민, 자기연민처럼 나약함을 의미하는 상태에 쉽게 빠진다. 나약함은 (과정은 다를지 모르지만) 실패와 불행, 상실로 이어진다. 활력이 필요한 우주 안에서 나약함은 살아남을 수가 없기 때문이다.

사람은 마음속에 올바른 목표를 품고, 그 목적을 향해 나아가야 한다. 그리고 그 목표를 생각의 중심으로 삼아야 한다. 목표는 당시 그 사람의 성향에 따라 정신적인 이념의 형태가 될 수도 있고, 세속적인 대상이 될 수도 있다. 하지만 그것이 무엇이 되었든, 자신이 정한 그 대상에 생각의 힘을 꾸준히 집중시켜야 한다. 이 목적을 인생의 최우선 과제로 삼아야 하고, 그것을 이루기 위해 온 힘을 기울여야 하며, 그러는 가운데 덧없는 공상이나 막연한 동경, 공상에 빠져 헤매지 말아야 한다. 이렇게 하는 것이야말로 자제심을 기르고 진정한 집중력을 발휘하는 지름길이다. 목표를 달성하는 과정에서 숱한 좌절을 겪겠지만 (나약함을 극복하기 전까지는 반드시 겪어야 할 일이므로) 그렇게 해서 얻은 강인한 인격은 진정한 성공을 이루는 수단이 될 것이며, 힘과 영광을 누리는 미래를 위한 새로운 출발점이 될 것이다.

위대한 목표를 품을 준비가 되지 않은 사람은 자신이 해야 할 일들을, 아무리 그 일이 하찮고 무의미해 보일지라도 빈틈 없이 해내는 데 먼저 생각을 집중해야 한다. 그래야만 생각을 한곳에 집중할 수 있으며, 결단력과 실천력을 기를 수 있다. 이렇게 되면 이루지 못할 일이 없다.

아무리 나약한 사람이라도 자신의 나약함을 깨닫고 노력과 실천만이 강인함을 길러줄 수 있는 길이라는 진리를 믿으면, 그 즉시 있는 힘껏 노력하기 시작할 것이다. 노력에 노력을 더하고, 인내에 인내를 더하고, 힘에 힘을 더하다 보면, 계속해서 성장해 결국 현자처럼 존경받을 만한 사람이 될 것이다.

육체적으로 약한 사람은 체계적이고 꾸준한 운동

으로 몸을 단련할 수 있듯이, 나약한 생각을 지닌 사람은 올바른 생각을 연습함으로써 정신을 단련할 수 있다.

표류하는 삶을 멈추고, 나약함을 버리고, 목적을 가지고 생각하기 시작하면 강한 자들의 대열에 합류할 수 있다. 강한 자들은 실패를 성공의 어머니라 여기고, 모든 상황을 자신에게 유리하게 만들며, 굳건하게 생각하고, 겁내지 않고 도전하며, 멋지게 성취한다.

삶의 목적을 정했다면 다른 곳에 한눈팔지 말고 그 목적을 향해 똑바로 나아갈 길을 머릿속에 그려야 한다. 의심과 두려움은 반드시 걷어내야 한다. 그 둘은 노력이라는 곧은 길을 부수고 구부러뜨려 쓸모없게 만드는 방해 요소다. 의심과 두려움이 가득 찬 생각으로는 아무것도 이룰 수 없으며, 그런 생각은 실패로 이어질 뿐이다. 의심과 두려움이 파고들

면, 목적의식, 실천력, 끈기, 그 외 모든 강인한 생각
이 멈춰버린다.

무엇을 하고자 하는 의지는 해낼 수 있다는 사실
을 아는 데서 샘솟는다. 의심과 두려움은 그것을 깨
닫지 못하게 만드는 큰 적이다. 그러므로 마음속에
싹트는 의심과 두려움을 없애지 않고 자라도록 내
버려 두는 사람은 내딛는 걸음마다 발목을 잡혀 의
지가 마비돼 실패한다.

의심과 두려움을 정복하는 사람은 실패도 정복한
다. 그 사람의 모든 생각이 힘을 얻게 되므로, 모든
어려움을 용감하게 대면하고 지혜롭게 극복한다.
그의 목적은 시기적절하게 뿌리를 내리고 꽃을 피
우고 열매를 맺으므로, 익기도 전에 땅에 떨어져 사
라지는 일이 결코 없다.

두려움 없는 생각이 목적과 결합하면 창조적인 힘
이 된다. 이런 진실을 아는 사람은 단지 흔들리는 생

각과 요동치는 감각의 덩어리가 아닌, 더 높고 더 강
인한 존재가 될 준비가 된 것이다. 이를 행하는 사람
은 지혜와 의식을 갖추고 정신의 힘을 마음껏 발휘
하는 사람이 된다.

James Allen

5장

성공하려면
희생을 두려워 말라

인간의 성취와 실패는 자신이 지닌 생각으로 좌우된다. 우리가 사는 우주는 질서정연하게 돌아가는 곳이므로 성공과 실패는 개인의 책임일 수밖에 없다. 인간의 강점과 약점, 순수함과 불순함은 다른 사람의 것이 아닌, 바로 자신의 것이다. 다른 사람이 안겨 준 것이 아니라 스스로 만든 것이다. 따라서 자신만이 그것들을 바꿀 수 있으며, 다른 사람은 결코 바꿀 수 없다. 자신이 처한 상황 역시 다른 사람이 아닌 자신이 초래한 것이다. 자신이 겪는 고통과 행복은 모두 자기 내면에서 자란 것이다. 그래서 사람은 생각하는 대로 존재하며, 생각하는 대로 머무르게 된다.

아무리 강한 사람도 도움을 받지 않으려는 약자는 도울 수 없다. 도움을 준다 해도 약자 스스로가 자신의 힘으로 강해져야 한다. 자신이 선망하는 사람이 지닌 힘을 약자 스스로 노력해서 키워야 한다. 다른 누구도 아닌 오직 자신만이 자신의 상황을 바꿀 수 있다.

지금까지 사람들은 이렇게 말했다.

"독재자 한 사람 때문에 수많은 사람이 노예가 된다. 그러니 독재자를 증오하라."

하지만 이제는 점점 더 많은 사람이 그 말을 뒤집어서 이렇게 말하고 있다.

"많은 사람이 노예이기 때문에 한 사람의 독재자

가 나타나는 것이다. 그러니 노예를 경멸하라."

사실 독재자와 노예는 서로 공생하고 있다는 사실을 모르고 있다. 겉으로는 서로를 괴롭히는 것처럼 보이지만 사실은 자기 자신을 괴롭히는 것이다. 완전한 깨달음을 얻은 사람은 억압받는 자들이 지닌 나약함과 억압하는 자들이 남용하는 힘의 법칙을 인식할 수 있다. 완전한 사랑을 지닌 사람은 양쪽 모두가 고통받는 모습을 보기에 어느 쪽도 비난하지 않는다. 완전한 연민을 지닌 사람은 억압하는 자와 억압받는 자를 똑같이 포용한다.

나약함을 극복하고 모든 이기적인 생각을 물리친 사람은 억압하는 쪽과 억압받는 쪽, 그 어디에도 속하지 않고 자유롭다.

사람은 생각을 정신적으로 드높일 때만 도약하고 극복하고 성취할 수 있다. 그러기를 거부하는 사람은 나약하고 비천하고 불행한 상태로 계속 남을 수

밖에 없다.

무언가를 성취하려면, 그것이 세속적인 것일지라도 먼저 자신의 생각을 노예적이고 동물적인 방종의 수준에서 더 높은 수준으로 끌어올려야 한다. 성공을 위해 동물적인 본능과 이기심을 모두 버릴 수는 없겠지만 적어도 일부분은 희생이 필요하다. 본능적 쾌락이 가장 중요한 사람은 명료하게 생각하지 못하고 체계적으로 계획을 세울 수 없다. 자신의 숨은 잠재력을 찾거나 계발하지 못해서 하는 일마다 실패하게 된다. 생각을 단호하게 통제해 본 적이 없으므로 어떤 일을 지휘하고 중요한 책임을 맡을 위치도 못 된다. 그런 사람은 독립적으로 행동하고 홀로서기에 적합하지 않다. 하지만 그를 제한하는 것은 오로지 자신이 선택한 생각뿐이다.

희생이 없으면 발전도 성취도 있을 수 없다. 세속적 성공을 이루는 것은 마음을 어지럽히는 동물적인 생각을 버리고, 계획을 달성하는 일과 결단력과 자립심을 키우는 일에 얼마나 집중하는가에 달려 있다. 생각을 드높일수록 더 용기 있고 정직하고 올바른 사람이 된다. 그러면 더욱 큰 성공을 얻을 것이며, 그 성공은 더욱 축복받고 더욱 오래도록 이어질 것이다.

우주는 탐욕스러운 자, 부정직한 자, 악한 자를 좋아하기 않는다. 때때로 그렇게 보일 수는 있지만, 실제로 우주는 정직한 자, 고결한 자, 덕이 높은 자를 돕는다. 이 사실은 과거의 모든 위대한 스승이 다양한 방식으로 우리에게 전해왔으며, 우리가 이 사실을 증명하고 알기 위해서는 생각을 드높여 덕을 더욱 높이 쌓으려는 노력을 지속하는 방법밖에 없다.

지적인 성취는 인생과 자연에서 아름다움과 진리, 혹은 지식을 찾는 데 생각을 전념한 결과다. 그런 성취가 때때로 허영심이나 야망과 연결되기도 하지만, 원래는 그런 특성에서 나오는 것이 아니라 순수하고 이타적인 생각을 품고 오랫동안 꾸준히 노력할 때 따라오는 자연스러운 결과다.

영적인 성취는 신성한 열망이 완성에 이른 것이다. 숭고하고 고귀한 마음으로 순수하고 이타적인 생각에 몰두하는 사람은 때가 되면 해가 뜨고 달이 차오르듯 현명하고 숭고한 인격을 지니게 될 것이며, 사람들에게 영향력을 발휘하고 축복받는 위치에 오르게 될 것이다.

어떤 종류의 성취든, 성취는 노력과 생각의 결과로 얻는 왕관이다. 자제력, 결단력, 순수함, 의로움, 올바른 생각은 사람을 높은 위치로 올려주고, 동물적 본능, 나태함, 불순함, 타락, 혼란스러운 생각은 사람을 낮은 위치로 끌어내린다.

크게 성공하고 정신적으로 높은 위치에 오른 사람이라도 오만하고 이기적이고 부도덕한 생각에 사로잡히면 다시 나약하고 비참한 수준으로 전락할 수 있다.

올바른 생각으로 얻는 성공은 조심에 조심을 기해야만 유지할 수 있다. 성공이 확실해지면 많은 사람이 무너져 순식간에 실패의 나락으로 떨어진다.

일에서든 지적 영역이나 영적 세계에서든, 모든 성취는 명확하게 설정된 생각의 결과이며, 동일한 원칙이 지배하고, 동일한 방법이 적용된다. 단지 성취의 대상만 차이 날 뿐이다.

적게 이루고자 하는 자는 적게 희생해야 하고, 많이 이루고자 하는 자는 많이 희생해야 하며, 높이 이루고자 하는 자는 크게 희생해야 한다.

6장

♠

꿈을 이룬 자들의
공통점

♠

꿈꾸는 사람들은 세상의 구원자들이다. 눈에 보이는 세상은 눈에 보이지 않는 것들로 유지된다. 사람들은 외로운 자들의 아름다운 비전으로 시련과 죄악을 이겨낼 자양분을 얻는다. 인류는 꿈꾸는 자들을 망각해서는 안 된다. 그들의 이상이 빛을 잃고 사라지도록 내버려 둘 수 없다. 인류는 그 비전 안에서 살아가며, 그 이상이 언젠가 눈에 보이는 현실이 되리라는 사실을 알고 있다.

작곡가, 조각가, 화가, 시인, 예언자, 현인과 같은 이들은 미래를 만들고 천국을 건설하는 사람들이다. 그들이 있기에 세상은 아름답다. 그들이 없다면 인류는 고통 속에 사라질지도 모른다.

가슴속에 아름다운 비전과 숭고한 이상을 품은 사람은 언젠가 그것을 실현한다. 콜럼버스는 미지의 세계에 대한 비전을 꿈꾸다 신대륙을 발견했고, 코페르니쿠스는 세상의 다양성과 더 넓은 우주에 대한 비전을 키워오다 놀라운 진실을 밝혀냈다. 석가모니는 완전무결하게 아름답고 평화로운 영적 세계를 염원하다가 그 세계로 들어갔다.

당신의 비전을 소중히 간직하라. 당신의 이상을 소중히 간직하라. 당신의 가슴속에 퍼지는 음악을, 당신의 마음속에 형성된 아름다움을, 당신의 가장 순수한 생각을 감싸는 사랑스러움을 소중히 간직하라. 바로 거기서 모든 즐거운 상황과 모든 천국 같은 환경이 자랄 것이다. 당신의 마음만 진실하다면 당신의 세상은 마침내 실현될 것이다.

원하면 얻을 것이고 열망하면 이룰 것이다. 인간의 가장 속된 욕구는 완전히 충족되는데, 가장 순수한 열망은 영양분을 얻지 못해 굶주린다? 세상에 그런 법은 없다. 그런 일은 절대 일어나지 않는다.

고귀한 꿈을 꾸어라. 당신은 꿈꾸는 모습대로 될 것이니. 당신의 비전은 언젠가 이루어질 당신의 모습에 대한 약속이며, 당신의 이상은 결국 드러날 당신의 모습에 대한 예언이다.

가장 위대한 성취도 처음 한동안은 꿈이었다. 참나무가 도토리 안에서 잠자고, 새가 알 속에서 때를 기다리듯, 깨어 있는 천사는 영혼의 가장 높은 비전안에서 꿈틀댄다. 꿈은 현실의 묘목이다.

당신은 당신이 처한 상황이 마음에 들지 않을 수있지만, 당신이 이상을 품고 그 이상에 도달하기 위해 노력한다면 그 상황은 오래가지 않을 것이다. 당신의 내면이 나아가고 있는데 외부만 멈추어 있을 수는 없기 때문이다. 가난과 노동에 시달리는 한 젊은이가 있다. 그는 건강을 해치는 위험한 작업장에서 오랜 시간 일하며, 학교 교육도 받지 못하고, 특별한 기술도 가지지 못했다. 하지만 그 젊은이는 더 나은 삶을 꿈꾸며, 지성과 교양, 우아함, 아름다움에 대해 생각한다. 그는 이상적인 삶의 조건을 마음속으로 그리고 쌓아 올린다. 더 큰 자유와 더 넓은 시야를 갈망한다. 이제 그는 가만히 앉아 기다릴 수 없어 행동에 나선다. 얼마 안 되는 여가 시간과 가지고 있는 수단을 모두 활용하여 자기 잠재력과 재능을 계발해 나간다. 얼마 후 그의 정신이 크게 변모하여, 그가 일하던 작업장은 더 이상 그를 붙잡아 놓지 못한다. 달라진 그의 정신세계가 그 작업장과 전혀 어울리지 않아 고치가 허물을 벗듯 자연스럽게 그의 삶에서 떨어져 나가게 되고, 그의 능력이 향상될수록 기회가 많아져 영원히 그곳을 벗어나게 된다. 수년이 지나 우리는 완전히 성인이 된 그를 본다. 그는 강력한 정신적 힘을 소유한 사람이 되어 전 세계 사람들에게 영향을 주고, 타의 추종을 불허하는 위치에서 능력을 펼친다. 그의 손에는 막중한 책임이 놓여있다. 그의 말에 사람들의 삶이 변화한다. 세 심들은 그의 밑에 겁게서어 새사들 마꾼다. 그는 한자리에서 밝게 빛나는 태양 같은 존재가 되어 수많은 운명이 그의 주위를 맴돌게 한다. 젊은 시절 그의 비전은 실현되었고, 그는 자신의 이상과 하나가 되었다.

이 글을 읽는 젊은이들 역시 (헛된 기대가 아니라) 마음속에 간직한 비전을 실현하게 될 것이다. 그 비전의 모습이 천하든 아름답든 혹은 그 둘이 섞여있든, 우리는 언제나 남몰래 가장 사랑하는 대상을 향해 끌리기 때문이다. 당신의 손에는 정확히 당신의 생각이 빚은 결과가 놓일 것이다. 당신은 뿌린 대로 거둔다. 그 이상도 그 이하도 아니다. 당신의 현재 상황이 어떠하든, 당신은 당신의 생각과 비전과 이상에 따라 추락하거나 제자리에 머무르거나 비상할 것이다. 소망을 억누르는 만큼 작은 존재가 될 것이고, 열망을 키우는 만큼 위대한 존재가 될 것이다.

스탠턴 커크햄 데이비스가 남긴 멋진 글 가운데 다음과 같은 구절이 있다. "비록 그대가 지금은 회계장부를 기록하고 있을지 모르지만, 그대의 이상을 가로막은 것처럼 보였던 문밖으로 곧 걸어 나가리라. 귀에는 아직 펜이 꽂혀 있고 손에는 잉크 자국이 남아 있겠지만, 대중 앞에 선 자신을 발견하게 되리라. 그리고 거기서 폭포수처럼 힘차게 당신의 영감을 쏟아 내리라. 그대가 지금은 양 떼를 몰고 있을지 모르지만, 그 어리둥절한 시골뜨기의 모습으로 도시를 찾아 떠나리라. 그리고 그대의 영혼이 용감무쌍하게 이끄는 대로 위대한 스승을 찾아가리라. 시간이 흐르면 그 스승은 '자네에게 더 가르칠 것이 없네'라고 말하리라. 얼마 전까지 양 떼를 몰며 원대한 꿈을 꾸었던 그대는 이제 스승이 되었다. 그러면 그대는 톱과 대패를 내려놓고 새로운 세상을 만드는 일에 앞장서리라."

생각 없고 무시하고, 세__ 시__ 겉으로 드러난 결과만 볼 뿐, 그 결과가 일어난 원인은 보지 못하기 때문에 행운, 요행, 우연이라는 단어를 쉽게 입에 올린다. 부를 쌓아 올리는 사람을 보면 '저자는 운이 정말 좋아!'라고 하고, 학식을 넓히는 사람을 보면 '저자는 머리를 타고났어!'라고 말한다. 덕을 쌓아 세상에 널리 영향을 미치는 사람에게는 '운명의 신은 항상 그를 돕는다!'라고 말한다. 그들은 이런 사람들이 경험을 쌓기 위해 자처한 실패와 시련

과 투쟁은 보지 못한다. 넘을 수 없을 것 같은 장애
물을 극복하고 마음속에 품은 비전을 실현하기 위
해 그들이 어떤 희생을 치르고, 얼마나 노력하고, 어
떤 신념을 발휘했는지는 전혀 알지 못한다. 어리석
은 자들은 어두움과 고뇌는 알지 못한 채 밝음과 기
쁨만 보며 그것을 '행운'이라 부른다. 길고 고된 여
정은 보지 못하고 그 여정이 끝나야 얻는 달콤한 성
취만 보며 그것을 '요행'이라 말한다. 성취를 이루
기까지 거쳐야 하는 과정은 이해하지 못하고, 결과
만 보며 그것을 '우연'이라 한다.

인간이 하는 모든 일에는 노력과 그에 따른 결과
가 있다. 결과는 노력하는 만큼 따라온다. 세상에서
우연히 이루어지는 일은 없다. 재능, 능력, 물질, 지
성, 영적 재산은 모두 노력의 열매다. 그것은 완성된
생각이자 달성된 목표이자 실현된 비전이다.

당신이 마음속으로 찬미하는 비전, 당신이 가슴

속에 품고 있는 이상, 바로 그 비전과 이상이 당신의
삶을 만들 것이며, 당신의 미래가 될 것이다.

7장

자기 수양의
마지막 단계
– 평온함

평온한 마음은 지혜가 주는 아름다운 보석이다. 그것은 오랫동안 끈기 있게 자제력을 기른 결과다. 마음이 평온하다는 것은 원숙한 경험을 지니고, 생각의 법칙과 작용에 관해 평범한 수준을 뛰어넘는 지식을 쌓았다는 것을 의미한다.

사람은 자신이 생각의 결과로 만들어지는 존재라는 사실을 이해하는 만큼 마음이 평온해진다. 그 사실을 깨닫기 위해서는 다른 사람들 역시 생각의 결과임을 이해해야 하기 때문이다. 올바른 이해력을 키우고 만물에 존재하는 인과 관계의 법칙을 명확하게 이해할수록, 안달복달하고 화내고 걱정하고 비통해하는 마음을 거두고, 침착하고 일관되며 평온한 마음을 유지한다.

침착함을 유지하는 사람은 자신을 다스리는 법을 터득했기 때문에 다른 사람에게 자신을 어떻게 맞추어야 하는지를 안다. 그러면 사람들도 그의 정신적 강인함을 존경하게 되어 그를 본받고, 신뢰할 수 있는 사람으로 느끼게 된다. 사람은 마음이 평온해질수록 더 큰 성공을 얻고, 더 큰 영향력을 발휘하며, 삶을 올바른 방향으로 이끄는 힘이 더 커진다. 평범한 사업가라도 자제력과 평정심을 키우면 사업이 더 번창하게 될 것이다. 사람들은 항상 침착한 태도를 유지하는 사람과 거래하는 것을 더 좋아하기 때문이다.

강인하고 침착한 사람은 어디서나 사랑받고 존경받는다. 그런 사람은 사막 가운데 그늘을 드리우는 나무와 같고, 폭풍우를 피하게 해주는 동굴과 같다. 평온한 마음, 다정한 성품, 안정된 삶을 좋아하지 않을 사람이 어디 있겠는가? 이러한 축복을 소유한 사람은 언제나 고요하고 온유하며 침착하므로 좋은 일이 생기든, 나쁜 일이 닥치든, 삶의 어떤 변화가 오든, 문제가 되지 않는다. 우리가 배우거나 익히는 고매한 태도는 자기 수양의 마지막 단계다. 그것은 삶의 꽃이자 영혼의 결실이다. 지혜만큼 귀하고, 황금보다 더 탐나는 것이다. 진리의 바다 안에서 마음의 파도와 감정의 폭우를 벗어나 영원한 평화를 누리는 삶에 비하면, 돈만 추구하는 삶이란 얼마나 하찮은가!

주변을 둘러보라. 욱하는 성미 때문에 인생을 쓰디쓴 열매로 만들고, 아름답고 감미로운 모든 것을 망쳐버리고, 평온한 감정을 무너뜨려 자신의 기운을 혼탁하게 만드는 사람이 얼마나 많은가! 대다수 사람은 부족한 자제심 때문에 삶을 파괴하고 행복을 망치고 있지 않은가? 완성된 인격을 갖춘 사람, 사리 분별이 정확하고 더없이 평온한 성품을 지닌 사람이 우리 주변에 얼마나 되는가!

그렇다. 인간은 다스리지 못한 격정으로 마음이 들끓고, 주체하지 못한 슬픔에 무너지며, 불안과 불신에 휘둘린다. 생각을 다스리고 정화하는 지혜로운 사람만이 영혼의 바람과 폭풍우를 잠재울 수 있다.

세파에 시달리는 영혼이여, 그대가 어디에 있든, 어떤 환경에서 살고 있든, 이것만 알아두라. 삶이라는 대양에는 축복이라는 섬들이 미소 짓고 있으며, 이상이라는 눈부신 해변이 그대를 기다리고 있다.

생각이라는 방향키를 그대의 손으로 굳게 붙잡아라. 그 방향키를 조정하는 선장은 그대의 영혼이라는 범선 안에서 드러누워 잠만 자고 있다. 그를 깨우라.

자제력은 힘이다. 올바른 생각은 숙련된 기술이며, 평온한 마음은 능력이다. 그대 가슴에 말하라. "마음이여, 평온하라!"

2부

♠

인생 불변의 법칙

♠

Out from the Hear, 1904

8장

---♠---

모든 것은
마음에서 비롯된다

---♠---

삶은 마음이 가는 대로 만들어진다. 사람의 내면은 끊임없이 외부로 나타난다. 모든 것은 결국 드러나게 마련이다. 감추어져 있는 시간은 잠시일 뿐, 충분히 무르익으면 밖으로 나오게 된다. 씨앗, 나무, 꽃, 열매는 우주의 네 가지 질서다. 삶의 형태는 인간의 마음 상태에서 만들어진다. 생각은 행동으로 꽃을 피우고, 행동은 인격과 운명으로 열매를 맺는다.

삶은 항상 인간의 내면에서 시작해 밖으로 뻗어 나간다. 마음속에 싹튼 생각은 말과 행동, 성취한 일로 모습을 드러낸다.

산속 깊은 곳에서 샘물이 흘러나오듯, 사람의 삶도 마음속 내밀한 곳에서 흘러나온다. 사람이 존재하는 모든 상태와 하고 있는 모든 일은 거기서 생겨나고, 앞으로 존재하게 될 모든 상태와 하게 될 모든 일도 거기서 시작된다.

"

불행과 행복, 고통과 즐거움,

히망과 공포, 증오와 사랑,

무지와 깨달음은 마음속에만 존재한다.

그것들은 전적으로

마음의 상태일 뿐이다.

"

사람은 자기 마음을 지키는 파수꾼이다. 자기 정신을 관리하는 감시자이자 삶이라는 성을 홀로 지키는 보초다. 사람은 그 임무를 성실하게 수행할 수도 있고, 등한시할 수도 있다. 마음을 점점 더 주의 깊게 지킬 수도 있으며, 더 열심히 마음을 살피고 정화하며, 잘못된 생각을 하지 못하게 경계할 수도 있다. 깨달음과 축복을 얻는 길은 바로 그것이다.

한편 사람은 삶을 올바르게 세우는 궁극의 임무를 내팽개쳐 둔 채, 대충 아무렇게나 살 수도 있다. 이것은 자기기만과 고통을 자처하는 길이다.

사람은 삶 전체가 마음에서 비롯된다는 사실을 깨닫는 순간 행복의 길이 열린다! 그때야 비로소 자신의 마음을 다스릴 힘이 자신에게 있고, 자신의 이상에 따라 마음을 형성할 수 있음을 발견할 것이기 때문이다. 그리하여 생각과 행동이 모두 훌륭한 사람이 되는 길을 향해 단호하고 굳건하게 걸어가

기로 선택할 것이다. 그렇게 되면 삶은 더없이 아름답고 훌륭한 모습이 될 것이며, 머지않아 모든 악과 혼란과 고통을 물리치게 될 것이다. 지칠 줄 모르는 에너지로 자기 마음을 부지런히 지키는 사람이라면 해방과 깨달음, 평화에 이르지 못할 리가 없기 때문이다.

9장

♠

무한한 잠재력을
현실로 만드는 법

♠

마음은 삶을 결정하는 주체다. 마음은 상황을 창조하고 형성하며, 그 결과를 수용한다. 마음은 상상을 일으키는 힘과 현실을 인식하는 힘을 모두 내재하고 있다. 마음은 정확히 운명을 짜는 베틀이다. 생각은 실이고, 옳고 그른 행위는 '날실과 씨실'이며, 삶의 베틀로 짠 직물이 인격이다. 마음은 스스로 만든 옷을 입는다.

사람은 정신적 존재로서 정신에 관한 모든 힘을

소유하며 무한한 선택권을 지닌다. 또한, 사람은 경험을 통해 배우며, 그 경험을 빠르게 혹은 느리게도 할 수 있다. 사람은 어떤 면에서도 임의로 구속되지 않지만 많은 면에서 자신을 스스로 구속하고 있다. 그러나 구속한 당사자가 자신이므로 자신의 선택에 따라 자신을 스스로 해방할 수도 있다.

사람은 자신이 선택한 대로 악한 모습이나 선한 모습이 될 수 있다. 무지한 사람이 되거나 고귀한 사람이 될 수 있으며, 어리석은 자가 되거나 지혜로운 자도 될 수 있다. 꾸준한 연습을 통해 습관을 형성할 수 있고, 새로운 노력을 통해 습관을 버릴 수도 있다. 진리가 완전히 사라질 때까지 자신을 망상으로 둘러쌀 수도 있지만, 진리가 완전히 회복될 때까지 그러한 망상을 차례차례 없앨 수도 있다. 그러니 사람의 가능성은 무한하며, 사람의 자유는 완전하다.

스스로 상황을 만들고 어떤 상태에 머물지를 선택

하는 것이 마음의 본성이다. 마음은 어떤 상황도 변화시킬 힘과 어떤 상태도 버릴 힘을 지니고 있다. 마음은 반복적인 선택과 포괄적인 경험을 통해 그러한 상태마다 지식을 수집하면서 이 과정을 계속해서 수행하고 있다.

인간 내면에서 이루어지는 사고 과정은 인격과 삶 전체를 구성한다. 인간은 의지와 노력을 발휘함으로써 이러한 사고 과정을 수정하고 바꿀 수 있다. 습관, 무기력, 죄의 속박은 자신이 스스로 만든 것이므로 자신만이 깨뜨릴 수 있다. 그 속박은 오로지 사람의 마음속에만 존재하며, 외적인 상황에 직접적인 영향은 주지만 실체는 없다.

외적 상태는 내적 상태에 따라 형성되고 움직일 뿐, 절대 그 반대로는 되지 않는다. 유혹은 외적 대상에서 생기는 것이 아니라 그 대상에 대한 마음의 욕망에서 비롯된다. 슬픔과 고통도 원래 외부 상황과 인생에서 벌어지는 사건에서 발생하는 것이 아니라, 그러한 상황과 사건에 대해 훈련되지 못한 마음 자세에서 나온다.

순결함으로 단련한 마음과 지혜로 무장한 정신은 고통과 떼려야 뗄 수 없는 모든 욕망과 탐욕을 막아주어 결국 깨달음과 평화에 이르게 한다.

다른 사람들을 악하다고 비난하고 외부 상황을 악의 근원이라 욕하는 방법으로는 세상의 고통과 불안을 증가시킬 뿐 줄여주지 않는다. 외부 세계는 내부 세계의 그림자이자 결과일 뿐이기 때문이다. 마음이 순수하면 모든 외적인 상태도 순수하다.

모든 성장과 생명은 내부에서 외부로 발생하고, 모든 쇠퇴와 죽음은 외부에서 내부로 일어난다. 이것이 우주의 법칙이다. 모든 발전이 내부에서 시작하므로 모든 조정도 내부에서 이루어져야 한다. 다른 사람과 맞서 싸우기를 멈추고 자기 마음을 변화시키고 쇄신하며 발전하는 데 힘을 쏟는 사람은 자신의 에너지를 보존하고 자신을 지켜낸다. 그리하여 자기 마음과 조화를 이뤄내면 사랑과 배려심으로 자신과 똑같이 다른 사람들도 행복의 상태로 인도한다.

깨달음과 평화의 길은 권위를 휘둘러 다른 사람의 마음을 인도함으로써 도달하는 것이 아니라, 확고부동하고 고매한 더 긴 길로 자기 자신을 바누밤으로써 도달할 수 있다.

삶은 마음과 정신에서 비롯된다. 정신은 사고와 행동으로 형성된다. 따라서 어떤 생각을 선택해 마음을 재구성할지는 자기 능력에 달려 있다. 이제부터 그 구체적인 방법을 살펴보자.

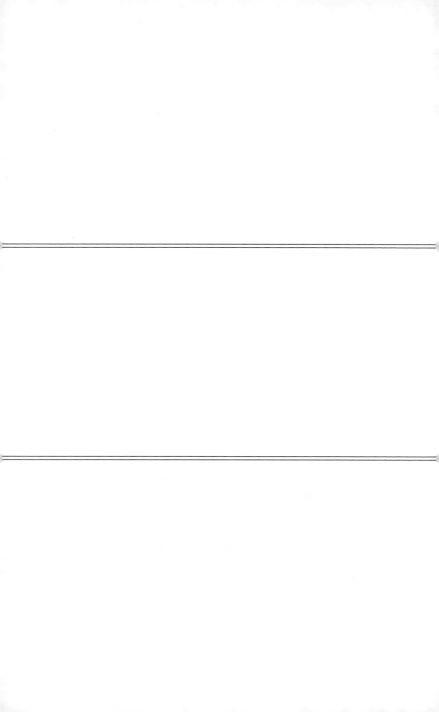

10장

습관이
당신의 미래를
결정한다

모든 확립된 마음 상태는 후천적 습관이다. 그것은 생각을 지속적으로 반복함으로써 생긴 결과다. 쾌활함과 우울함, 평온함과 노여움, 관대함과 탐욕스러움과 같은 모든 마음 상태는 무의식적으로 그런 마음이 들기까지 자신의 선택으로 형성된 습관이다. 어떤 생각을 반복해서 하게 되면, 결국 마음의 습관으로 굳어지고, 그런 습관들이 쌓여 삶이 된다.

경험을 반복함으로써 깨닫고 이해하는 것이 마음

의 본성이다. 처음에는 붙들고 유지하기 어려운 생각이라도, 그 생각을 끊임없이 마음에 담아두고 있으면, 결국에는 자연스럽고 습관적인 생각이 된다.

목공 일을 처음 배우는 소년은 연장을 올바르게 사용하는 법은커녕 제대로 잡는 일조차 쉽지 않지만, 오랜 반복과 연습을 거친 후에는 편안하고 능숙하게 다룰 줄 알게 된다. 그와 마찬가지로 처음에는 실현이 불가능해 보이는 마음 상태라도, 끈기 있게 실천함으로써 결국에는 자연스럽게 저절로 일어나는 상태가 되어 자신의 인격으로 녹아든다.

습관과 상황을 만들고 개선하는 마음의 힘에는 인간의 구원을 위한 기본 원리가 담겨있다. 그것은 자신을 통제함으로써 완벽한 자유로 나아가는 열린 문과 같다. 인간에게 악한 습관을 만드는 힘이 있다면, 그 힘을 본질적으로 선한 습관을 만드는 데도 쓸 수 있기 때문이다. 그렇다면 여기서 우리는 한 번 더 깊이 생각해 보고 분명하게 짚고 넘어가야 할 부분이 있다.

사람들은 흔히 옳은 일보다 나쁜 일을 하기 쉽고, 선행보다 악행을 저지르기 쉽다고 말한다. 그리고 그런 말들은 일반적으로 설명이 필요 없는, 거의 명백한 사실로 여겨진다.

불교의 경전에는 "나쁜 행위와 우리 자신에게 해를 끼치는 행위는 하기 쉬우나 유익하고 유용한 행위는 하기 매우 어렵다"라는 말이 있다.

이 말은 인류와 관련해 대체로 사실이기는 하지만, 인간의 발전 과정 전체로 볼 때 지나가는 경험, 즉 일시적인 요인으로서만 사실이다. 그것은 인간에 관한 고정된 상태를 설명하지 않으며, 영원불멸의 진리도 아니다. 사람이 옳은 일보다 그른 일을 하기 쉬운 것은 일반적으로 무지 때문이며, 인간의 진정한 본성, 삶의 본질과 의미를 정확히 이해하지 못하기 때문이다.

어린아이가 처음 글 쓰는 법을 배울 때, 펜을 잘못 쥐고 글자를 틀리게 적기는 쉽지만, 펜을 바로 쥐고 글자를 정확히 쓰기는 매우 어렵다. 당연히 그 이유는 아이가 아직 쓰기의 기술에 대해 무지하기 때문이며, 그 무지는 꾸준한 노력과 연습이 뒤따라야 없어진다. 그러고 나면 아이는 어느새 펜을 똑바로 쥐고 쓰는 것이 쉽고 자연스러워지며, 잘못된 방법으로 쓰기는 어렵고 불편해진다.

마음과 삶의 중요한 부분에도 같은 이치가 적용된다. 올바르게 생각하고 행동하려면 많은 연습과 계속된 노력이 필요하다. 하지만 결국에는 올바르게 생각하고 행동하기가 습관처럼 쉬운 일이 되고, 잘못된 행동을 하기는 어렵고 불편하게 느껴지는 시기가 온다.

장인이 연습을 통해 기술을 완성하는 것처럼, 사

람은 연습으로 선을 성취할 수 있다. 그 일은 전적으로 새로운 습관의 형성에 달린 문제다. 올바른 생각은 쉽고 자연스러워지며 잘못된 생각과 행동은 하기 어려워진 사람은, 최고의 덕에 도달하여 순수한 정신적 깨달음을 얻는다.

사람이 죄를 짓는 것은 무지하고 나쁜 생각을 끊임없이 반복하여 그것이 습관을 형성하고, 결국 죄를 짓는 일이 그 사람에게 쉽고 자연스러운 일이 되어버렸기 때문이다. 도둑은 남의 것을 탐하고 욕심내는 생각을 오랫동안 해왔기 때문에, 기회가 생겼을 때 물건을 훔치지 않기가 매우 어렵다.

그러나 올바르고 정직한 생각을 오랫동안 품고 산 사람에게는 그러한 어려움이 존재하지 않는다. 그런 사람은 도둑질이 얼마나 잘못되고 어리석은 행동인지를 완전히 깨우쳤기 때문에, 남의 것을 훔친다는 생각이 털끝만큼도 들지 않는다. 습관의 힘이 얼마나 무섭고 강력한지 좀 더 확실한 설명을 위해 절도라는 다소 극단적인 예를 소개했지만, 결국 모든 악한 행동과 선한 행동은 같은 방식으로 형성된다. 많은 사람이 화를 참지 못하고 표출하는 것도 조급한 생각과 행동을 계속해 왔기 때문이다. 그리고 습관은 반복될수록 더 단단하게 굳어지고, 더 깊게 뿌리를 내린다.

분노와 조급함이 많은 사람에게 쉽고 자연스럽게 일어나는 이유는 사람들이 조급한 생각과 행동을 계속 반복하기 때문이며, 그것이 반복되면 습관이 되고, 그 습관은 시간이 지날수록 더욱 단단하고 깊게 뿌리를 내린다.

그렇기에 평온함과 인내심도 같은 방식을 적용함으로써 습관화할 수 있다. 처음에는 평온하고 인내심 있는 생각을 붙들기 위해 노력해야 하지만, 생활 속에서 그것이 일상이 되고 습관이 되면, 그 습관이

'제2의 천성'이 되어, 나중에는 분노와 조급함이 영원히 사라지게 된다. 이렇게 하면 모든 잘못된 생각을 마음에서 추방할 수 있고, 모든 그릇된 행동을 없앨 수 있으며, 모든 악을 이겨낼 수 있다.

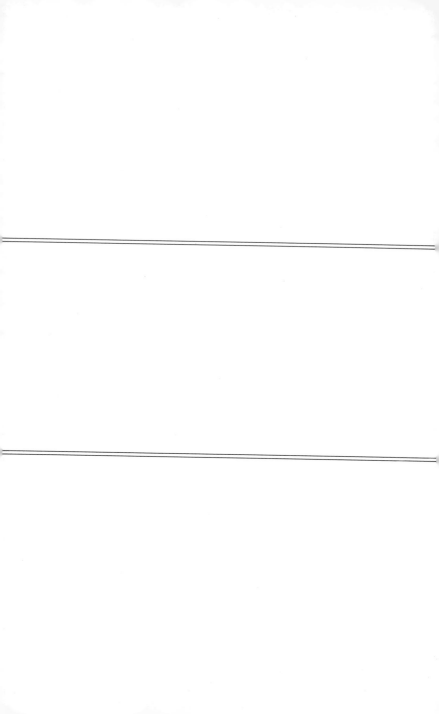

11장

작은 실천이 모여
큰 성취가 된다

삶이란 마음에서 비롯된다는 것을 깨달아야 한다. 마음은 습관이 모여 만들어지고, 습관은 꾸준한 노력으로 얼마든지 바꿀 수 있다. 그 과정을 통해, 사람은 완벽하게 마음을 다스리고 통제하고 지배할 수 있게 된다. 이를 이루는 사람은 그 즉시 완전한 자유의 길로 들어서는 비결을 손에 쥐게 될 것이다.

삶의 불행, 즉 마음의 불행에서 벗어나는 길은 내면에서부터 시작되는 꾸준한 성장의 문제이지, 외부에서 갑자기 주어지는 것이 아니다. 잘못된 행동과 그릇된 감정에 빠지기 쉬운 환경 안에서도, 때 묻지 않은 생각과 바르고 침착한 태도를 기르도록 매일 매시간 마음을 훈련해야 한다. 대리석 조각을 만드는 예술가처럼, 올바른 삶을 열망하는 사람은 자기 마음의 재료들이 자신이 꿈꾸는 가장 고결한 이상이 될 때까지 꾸준히 갈고 닦아야 한다.

이렇게 높은 수준의 성취를 얻고자 노력할 때는 가장 낮고 쉬운 단계부터 자연스럽고 점진적인 과정을 거쳐 점점 더 어렵고 높은 단계로 올라가야 한다. 점진적이고 지속적인 노력을 통해 이루어지는 이러한 성장, 발전, 진보, 전개의 법칙은 삶의 모든 부분과 인간의 모든 성취 과정에서 절대적인 법칙이다. 이 법칙을 무시하면 실패는 불 보듯 뻔하다.

사람들은 학문을 습득하거나 일을 배울 때, 혹은 사업을 추진할 때, 모두 이 법칙을 충분히 인지하고 엄격하게 따른다. 그러나 덕을 습득하고, 진리를 배울 때, 올바른 행동과 삶의 지식을 추구할 때는 대부분 사람이 이 법칙을 인지하지 못하고, 따르지도 않는다. 그 결과 사람들은 덕과 진리와 완전한 삶을 깨닫지 못하고, 실천하지 못하며, 배우지 못한다.

흔히 사람들은 더 높은 차원의 삶이 독서의 문제라거나 신학적이고 형이상학적 전제의 수용 문제라고 믿고, 정신적인 원리가 이제 비법 무 이해할 수 있다고 오해한다. 더 높은 삶은 생각과 말과 행동 면에서 더 높은 상태를 추구하는 것이며, 사람과 세상의 모든 영역에서 시급한, 정신적 원리에 대한 지식은 덕을 추구하고 실천하는 오랜 훈련을 통해서만 얻을 수 있다.

큰 것을 알기 전에 먼저 작은 것부터 철저하게 파악하고 이해해야 하듯이, 깨달음이 있기 전에 항상 실천이 먼저다.

교사는 학생에게 수학을 가르칠 때, 절대 처음부터 어려운 개념을 가르치지 않는다. 그런 교육은 시간 낭비이며 학생들은 아무것도 배우지 못한다. 교사는 학생들에게 먼저 간단한 연산 규칙을 보여주고 설명해 준 다음, 학생들 스스로 연습해 보게 한다. 학생들이 처음에 답을 맞히지 못하더라도 꾸준한 연습과 노력 끝에 문제를 정확히 풀게 되면, 교사는 그보다 좀 더 어려운 과제를 제시하고, 학생들이 그 과제를 해결하면, 또 다음 과제를 제시하는 식으로 점점 수준을 높여 나간다. 학생들이 몇 년간 열심히 배우고 익혀 연산의 모든 기본 규칙에 숙달하게 되면, 교사는 비로소 더 추상적인 수학적 개념을 가르칠 수 있게 된다.

정비공의 일을 처음 배우는 수습생이라면, 곧바로 기계학의 원리를 배우는 게 아니라, 간단한 도구를 올바르게 사용하는 법부터 배운다. 그다음엔 그

도구들을 익숙하게 사용할 수 있을 때까지 혼자 꾸준히 연습해야 한다. 도구들을 올바르게 사용할 수 있게 되면, 조금 더 어려운 과제가 주어지고, 그 과제들을 성공적으로 수행하며 몇 년간 기량을 닦고 나면, 그제야 기계학의 원리를 공부하고 이해할 수 있게 된다.

가정 교육이 제대로 이루어지는 집이라면, 부모는 아이들에게 먼저 부모의 말을 잘 따르고 어떤 상황에서도 바르게 행동하도록 가르친다. 처음에는 왜 그래야 하는지 이유를 알려주지 않고 그냥 부모의 말을 따르도록 가르친다. 그러다가 아이가 바르고 적절한 행동을 하는 것이 자연스럽게 몸에 배고 나면, 왜 그렇게 행동하는 것이 옳은지 알려준다. 어떤 아버지도 자식이 가족의 의무와 사회적 덕목을 실천하기 전에 먼저 윤리의 원칙부터 가르치려고 하지는 않을 것이다.

평범한 세상일에도 언제나 깨달음보다 실천이 먼저라면, 더 높고 고결한 삶을 살고자 할 때는 이 법칙이 더 엄격하게 적용되어야 할 것이다.

덕은 실천해야만 알 수 있고, 덕을 실천하는 일에 숙달해야만 진리의 깨달음에 이를 수 있다. 덕을 실천하는 일이 몸에 완전히 배었을 때, 진리의 깨달음도 완전해진다.

진리란, 덕의 교훈을 가장 간단한 일부터 더 어려운 단계로 매일 꾸준히 실천해야 도달할 수 있는 것이다. 꾸준한 연습과 노력으로 좌절과 실패를 극복하고 배움을 얻는 아이처럼, 진리를 배우는 사람은 실패해도 좌절하지 않고 어려움을 통해 더 강해지면서 올바른 생각과 행동을 실천하는 데 더욱 매진한다. 덕을 실천하는 것이 몸에 익은 사람은 마음이 저절로 진리의 깨달음 안에서 펼쳐지고, 그 깨달음 안에서 안전하게 쉴 수 있다.

James Allen

12장

♠

더 높은 삶을 위한
10단계 실천

♠

덕의 길은 깨달음의 길이며, 모든 것을 아우르는 진리의 원리들을 이해하려면 낮은 단계의 완전함을 먼저 습득해야 한다. 진리를 배우고자 하는 사람은 과연 무엇부터 시작해야 할까?

　삶의 모든 문제의 원천이자 저장고인 마음을 올바르게 하고 정신을 정화하고자 열망하는 사람은 덕의 교훈을 어떻게 배울 수 있을까? 어떻게 깨달음의 힘으로 자신을 단련하여 삶의 무지와 불행을 몰아낼 수 있을까? 첫 번째 과업은 무엇이며 첫 단계는 어떻게 시작해야 하는가? 그것을 어떻게 배우고 실천하며, 어떻게 숙달하고 이해하는가?

첫 번째 과제는 조금만 노력하면 쉽게 없앨 수 있는 잘못된 정신 상태를 극복하는 것이다. 기본적으로 이런 잘못된 정신 상태는 개인이 자신의 정신적 성장과 가정과 사회에서 지켜야 할 기본 덕목을 연습하는 과정에서 흔히 장애가 된다. 독자들의 이해를 돕기 위해, 더 높은 삶을 위한 첫걸음으로 다음과 같이 열 단계의 실천 과업을 세 그룹으로 묶어 소개한다.

• 극복해야 할 악덕 •

몸의 악덕

1 단계: 게으름

2 단계: 과식, 과음

말의 악덕

3 단계: 비방

4 단계: 잡담, 쓸데없는 내외

5 단계: 욕설, 불친절한 말

6 단계: 경박한 말, 무례한 말

7 단계: 비난, 헐뜯는 말

• 실천해야 할 덕목 •

8 단계: 이타적인 의무 수행

9 단계: 확고한 정직함과 완전한 도덕성

10 단계: 무한한 관용

여기서 '몸의 악덕'과 '말의 악덕'이라고 표현한 것은 그 악덕들이 몸과 말로 드러나기 때문이며, 이렇게 명확하게 분류함으로써 더 쉽게 이해할 수 있기 때문이다. 하지만 이런 악덕들은 대부분 마음에서 일어나는 것이며, 그릇된 마음 상태가 몸과 말로 나타나는 것임을 정확히 이해해야 한다.

이런 혼란스러운 상태가 존재한다는 것은 마음이 삶의 진정한 의미와 목적을 전혀 깨우치지 못했다는 것을 의미한다. 따라서 그 악덕들을 없애는 것은 고결하고, 확고하며, 현명한 삶의 시작이다.

하지만 이런 악덕을 어떻게 극복하고 몰아낼 수 있을까? 우선, 첫 번째로 할 일은 밖으로 드러나는 악덕들을 점검하고 통제하며 잘못된 행동을 하지 않도록 노력하는 것이다. 이런 노력은 자신의 말과 행동에 주의를 기울이고 자신을 스스로 돌아보는 마음 상태가 되도록 자극할 것이며, 이를 반복해서 실천하다 보면 잘못된 말과 행동이 나타나게 만드는 어리석고 그릇된 마음 상태를 인지하고 이해하게 될 것이다. 그러고 나면 그런 모든 악덕을 완전히 버리게 될 것이다.

위의 실천 과제에서 마음 훈련의 첫 단계는 게으름과 나태함을 극복하는 것이다. 이 단계를 실천하는 일이 가장 쉬우며, 이 단계가 완벽하게 성취되지 않으면 다음 단계에 도전할 수 없다. 게으름에서 벗어나지 못하는 것은 진리의 길을 가로막는 완벽한 장애물이다. 게으름이란, 필요 이상 많이 쉬고 많이 자며, 해야 할 일들을 미루고, 즉각적인 처리가 필요한 일들을 회피하고 방치하는 것이다.

이런 게으름을 극복하려면, 무엇보다 아침 일찍 일어나고, 충분히 기운을 회복할 만큼만 자며, 아무리 작은 일이라도 맡은 과제와 임무를 적극적이고 신속하게 처리해야 한다.

어떤 경우에도 음식이나 음료를 침대에서 섭취해서는 안 된다. 잠에서 깬 뒤에도 침대에 누워 편안함과 공상을 즐기는 것은 민첩함과 결단력, 맑은 정신을 유지하는 데 매우 좋지 못한 습관이다. 침대에 누운 채로 깊은 생각에 빠지는 것도 잘못된 일이다. 그때는 강하고 순수하며 정확한 사고가 불가능하기 때문이다. 침대는 생각하는 곳이 아니라 잠들기 위한 곳이며, 생각은 누워서가 아니라 완전히 깬 다음에 하는 것이다.

다음 단계는 과식과 과음을 절제하는 것이다. 과식을 즐기는 사람은 먹는 행위의 진정한 목적을 생각하지 않고 동물적 쾌감만을 위해 음식을 먹는다. 몸이 필요로 하는 이상으로 음식을 섭취하고, 달고 기름진 음식을 계속 갈망한다.

이런 무절제한 욕구를 절제하려면, 섭취하는 음식의 양과 식사 횟수를 줄이고 소박하고 단순한 식단을 유지해야 한다. 식사는 정해진 시간에만 하고, 중간에 음식을 먹는 일이 없어야 한다. 저녁 식사는 몸을 무겁게 하고 정신을 흐리게 하므로 먹을 필요가 없다.

이런 방법을 실천하다 보면, 무절제한 식탐을 누를 수 있게 된다. 감각적인 즐거움만 추구하는 나쁜 뉴런이 마음에서 제거되면, 음식을 바르게 섭취하는 습관이 새롭게 정화된 정신 상태에 선뉴런이 적응할 것이다.

여기서 명심할 것은 마음 상태의 변화가 가장 필요한 일이며, 이 목적에 부합하지 않는 식습관의 변화는 헛된 노력이라는 점이다. 즐거움을 위해 음식을 먹게 되면 과식을 피할 수 없다. 먼저 마음에서 감각적인 갈망과 미각적인 욕구를 정화해야 한다.

몸을 잘 통제하고 단호하게 다스리며, 해야 할 일을 열심히 해나갈 때, 과제나 의무를 지체하지 않고,

일찍 일어나는 것이 기쁨이 될 때, 검소, 성실, 절제, 금욕이 확고한 습관으로 자리 잡고, 자기 앞에 놓인 음식이 아무리 빈약하고 소박하더라도 만족할 줄 알며, 미각적 쾌락을 누리려는 갈망이 사라졌을 때, 그때야 비로소 더 나은 삶을 위한 첫 두 단계가 성취된 것이다. 그러면 진리의 첫 번째 큰 과업을 배운 것이므로 침착하고 자제력 있고 고결한 삶의 기초가 마음속에 확립된다.

다음은 품위 있는 말하기를 배우는 과업으로, 모두 다섯 단계로 구성되어 있다.

첫 번째 단계는 비방하는 말 습관을 극복하는 것이다. 여기에는 다른 사람에 대해 나쁜 말을 지어내거나 옮기는 것, 다른 사람이나 그 자리에 없는 친구의 잘못을 폭로하고 부풀리는 것, 대화 속에 적절하지 않은 암시를 흘리는 것이 포함된다. 모든 비방 행위에는 경솔함, 잔인함, 위선, 허위적 요소가 들어간다.

올바른 삶을 지향하는 사람은 다른 사람을 비방하는 말을 입에 담지 않도록 자신을 점검할 것이다. 그리고 그 말의 뿌리가 되는 위선적인 생각을 다스리려고 노력할 것이다.

다른 사람을 비난하고 헐뜯지 않도록 주의할 것이며, 바로 얼마 전에 악수하고 웃으며 입맞춘 사람이 그 자리에 없다고 깔보고 욕하지 않도록 조심할 것이고, 그 사람 앞에서 말할 수 없는 말은 뒤에서도 하지 않을 것이다. 그리하여 다른 사람의 인격과 명예를 존중하고 귀하게 생각하게 되어 비방을 일으키는 잘못된 마음 상태를 몰아낼 것이다.

다음 단계는 잡담과 쓸데없는 대화의 유혹을 이겨내는 것이다. 쓸데없는 대화는 다른 사람의 사적인 일에 관해 떠들고, 단지 시간을 때울 목적으로 이야기하고, 목적 없고 무의미한 대화에 참여하는 것이다. 이런 적절하지 못한 말들은 마음을 바르게 정돈하지 못하기 때문에 생기는 결과다.

덕이 있는 사람은 혀를 조심히 다뤄 마음을 올바르게 다스리는 법을 배울 것이다. 쓸데없고 어리석은 말을 하지 않도록 조심하고, 강하고 순수한 말투를 사용하며, 목적이 있는 말이 아니면 침묵을 지킬 것이다.

다음으로 극복해야 할 나쁜 습관은 욕설과 불친절한 말이다. 남을 욕하고 비방하는 사람은 바른길에서 한참 멀리 떨어져 있는 것이다. 거친 말과 악담을 퍼붓는 사람은 어리석음의 나락으로 깊이 빠지게된다. 다른 사람을 비난하고 욕하는 성향이 있는 사람은 자신의 혀를 조심하고 자기 내면을 살펴야 한다. 덕이 높은 사람은 어떤 욕설과 언쟁도 멀리하며, 유용하고 중요하며 순수하고 신뢰할 수 있는 말만 한다.

여섯 번째 단계는 경박하고 무례한 말을 조심하는

것이다. 가볍고 경솔한 말, 지저분한 농담, 상스러운 이야기, 공허한 웃음만 자아내는 의미 없는 이야기, 친한 사이라고 예의를 벗어나 말하는 태도, 다른 사람에게 말할 때, 혹은 다른 사람에 대해 말할 때, 특히 자신보다 나이가 많은 사람이나 교사, 보호자, 상급자 위치에 있는 사람에 대해 모욕적이고 무례한 말을 하는 것, 이 모든 것은 덕과 진리를 사랑하는 사람이라면 버려야 할 악습이나.

그런 언사는 순간적인 웃음을 위해 그 자리에 없는 친구와 동료들을 무례함이라는 제단 위에 올려 희생시키는 것이고, 조롱의 재미를 위해 삶의 모든 신성함을 희생시키는 것이다. 예의를 지켜야 할 자리에서 타인에 대한 존중과 예의를 버리는 사람은 덕도 함께 버리는 것이다. 말과 행동에서 겸손함과 진지함과 품위를 잃으면 진리를 잃게 될 뿐 아니라, 진리의 입구조차 보이지 않게 되고 그 입구가 있는

지조차 잊게 된다.

무례함은 젊은이들에게 나타날 때도 사람의 품위를 떨어뜨리는 모습이 되지만, 나이 든 사람이나 성직자들에게 나타날 때는 정말로 비참한 광경이 된다. 사람들이 그들을 보고 따른다면, 맹인이 맹인을 이끄는 셈이 되므로 모두가 길을 잃게 된다.

덕이 있는 사람은 진지하고 예의 바른 말을 쓸 것이다. 그 자리에 없는 사람에 대해 말할 때는 마치 존경하는 분을 생각하고 말하듯, 조심스럽고 신중하게 생각하고 말할 것이다. 경솔한 말은 하지 않을 것이며, 천박하고 부질없는 잠깐의 충동에 이끌려 자신의 품위를 떨어뜨리는 일이 없도록 주의할 것이다. 그의 유머는 악의가 없고 순수할 것이며, 그의 목소리는 듣기 좋은 부드러운 목소리일 것이다. 그가 진리를 얻은 사람에 가까워질수록 그의 영혼은 품위와 다정함으로 채워질 것이다.

두 번째 과업의 마지막 단계는 남을 비난하고 헐뜯는 말을 극복하는 것이다. 이 악습은 사소하거나 명백한 잘못을 부풀리고 반복하는 것, 억지스럽게 트집을 잡는 것, 지나치게 따지는 것, 근거 없는 억측과 신념, 견해를 토대로 쓸데없는 논쟁을 벌이는 것을 말한다.

인생은 짧고 삶은 현실이다. 죄와 슬픔과 고통은 다툼과 논쟁으로 치유되지 않는다. 나 것 이란이 뺨을 부정하고 반박하려고 항상 말꼬리를 잡는 사람은 고결함이라는 더 높은 길, 자신을 내려놓는 진정한 삶에 아직 도달하지 못한 것이다. 자신의 말을 부드럽고 맑게 하려고 항상 조심하는 사람은 더 높은 길과 더 진실한 삶을 찾게 될 것이다. 그런 사람은 자신의 에너지를 보존하고 마음의 평정을 유지하며 진리의 정신을 자기 안에 지킬 것이다.

자신의 혀를 잘 다스리고 지혜롭게 사용할 때, 이

기적인 충동과 가치 없는 생각을 더 이상 입에 담지 않게 되었을 때, 말이 악의가 없고 순수하며 부드럽고 우아하고 중요한 의미를 담고 있을 때, 진실하고 정직하지 않은 말이 아니면 하지 않게 되었을 때, 고결한 말씨의 다섯 단계가 성취된 것이며, 진리를 얻는 두 번째 큰 과업을 배우고 완성한 것이다.

누군가는 이렇게 질문할 수 있다. "그런데 왜 이렇게 몸을 절제하고 말을 조심해야 하는가? 그렇게 힘들여 애쓰지 않고, 그렇게 끊임없이 노력하고 조심하지 않고도, 더 높은 삶을 깨닫고 실현할 수는 없는가?" 그렇다. 그럴 수는 없다. 물질세계에서와 마찬가지로 정신세계에서도 노력이 없이는 아무것도 이룰 수 없으며, 낮은 단계가 성취되기 전에는 높은 단계를 알 수 없다.

연장을 다루고 못을 박는 법을 배우기도 전에 탁자를 만들 수 있는가? 욕망과 악습에 사로잡힌 육체를 극복하지 못한 채 마음을 진리에 일치시킬 수 있겠는가?

자모와 기본적인 단어를 습득하기 전에 언어의 복잡미묘함을 이해하고 구사할 수 없듯이, 올바른 행동의 기본을 완벽하게 습득하기 전에는 마음의 심오한 절묘함도 이해하고 정화할 수 없다.

노력에 관해 좀 더 이야기해 보자면, 젊은이가 한 가지 기술을 익히고자 할 때 수련자의 견습 세월도 인내심을 가지고 기꺼이 감수하지 않는가? 꾸준한 노력으로 그 기술을 연마하여 완전히 익혔을 때 자신도 언젠가 숙련자가 될 날을 고대하며, 숙련자의 가르침을 주의를 기울여 매일매일 성실하게 수행하지 않는가?

음악, 미술, 문학, 혹은 자신이 하는 일, 사업, 직업 분야에서 정말로 탁월한 능력을 목표로 삼은 사람이라면, 그 탁월함을 얻기 위해 자신의 인생을 기꺼이 바치지 않는 사람이 어디 있는가? 그렇다면 탁월함의 최고라 할 수 있는 진리의 탁월함을 얻고자 하는 사람은 당연히 노력이 필요하지 않겠는가?

"당신이 말하는 길은 너무 어렵다. 나는 노력하지 않고 진리를 얻고 수고하지 않고 구원을 얻겠다."라고 말하는 사람이 있다면, 그는 자아의 혼란과 고통에서 벗어나는 길을 찾지 못할 것이다. 평온하고 안정된 마음을 찾지 못할 것이며, 지혜롭게 정돈된 삶도 찾지 못할 것이다. 그가 추구하는 것은 편안함과 즐거움이지, 진리가 아니기 때문이다.

마음 깊이 진리를 숭배하고 진리를 깨닫고자 열망하는 사람은 어떤 노력이 들더라도 수고롭게 생각하지 않고, 즐겁게 받아들이고, 끈기 있게 추구할 것이다. 아무리 큰 노력이 들더라도 인내심을 가지고 실천하여 마침내 진리의 깨달음에 도달할 것이다.

모든 잘못된 외적 상태는 잘못된 마음 상태가 표

출된 것뿐임을 완전히 이해한다면 이런 기초적인 단계의 신체와 언어 수양이 왜 필요한지를 더 분명하게 인식하게 될 것이다. 나태한 몸은 나태한 마음을 의미하고, 무절제한 혀는 무절제한 마음을 드러낸다. 그러므로 겉으로 드러난 상태를 고치는 과정은 실제로 내면의 상태를 바로잡는 방법이다.

다시 이러 상태를 극복하는 것은 더 높은 삶에 도달하기 위한 과정에 포함된 과세 중 극히 일부에 불과하다. 나쁜 습관에서 벗어나는 것은 자연스럽게 선의 실천으로 이어지며, 선의 실천과 불가분의 관계에 있다. 어떤 사람이 게으름과 방종을 극복하기 위해 노력하고 있다면, 그 사람은 실제로 금욕, 절제, 정확함, 극기와 같은 덕목을 기르고 계발하고 있는 것과 같다. 그리고 더 높은 과업을 완수하는 데 필요한 힘과 에너지, 결단력을 기르고 있는 것이다. 그가 말의 악덕을 극복하기 위해 노력하고 있다면,

진실성, 성실함, 공손함, 친절함, 자제심과 같은 덕목을 발전시키고 있으며, 정신적 안정감과 확고한 목적을 획득하고 있는 것과 같다. 그것이 있어야만 복잡미묘한 마음을 더욱 잘 조절할 수 있고, 더 높은 단계의 행동과 깨달음에 도달할 수 있다.

또한, 옳은 일을 할수록 깨달음이 깊어지고 통찰력도 강화된다. 숙제를 마친 아이의 마음이 기쁨으로 가득하듯, 덕을 추구하는 사람은 한 단계씩 성취를 이룰 때마다, 쾌락과 즐거움만 따르는 사람은 절대 알지 못할 큰 기쁨을 경험한다.

이제 우리는 더 높은 삶을 위한 세 번째 과업에 도달했다. 이 과업은 다음 세 가지 기본 덕목을 일상생활에서 실천하고 숙달하는 것이다.

1) 이타적인 의무 수행

2) 확고한 정직함과 완전한 도덕성

3) 무한한 관용

덕과 진리를 추구하는 사람은 처음 두 과업에서 좀 더 표면적이고 혼란스러운 상태를 극복하여 마음을 준비시켰으므로, 이제 더욱 크고 어려운 과업을 시작할 준비가 되었고, 좀 더 깊은 마음의 동기들을 통제하고 정화할 단계가 되었다.

더 높은 차원의 덕과 신리를 깨닫기 위해서는 자신에게 주어진 의무를 성실하게 수행해야만 한다. 일반적으로 의무는 하기 싫고 귀찮은 일, 힘들지만 어떻게든 해내야 하는 일, 혹은 피할 수 있다면 피하고 싶은 일로 여겨진다. 의무를 이렇게 이해하는 방식은 이기적인 마음 상태와 삶에 대한 잘못된 이해에서 비롯된 것이다. 모든 의무는 신성시되어야 하고, 의무를 충실하고 사심 없이 수행하는 것이 가장 중요한 행동 규칙이 되어야 한다. 의무를 이행할 때 모든 개인적이고 이기적인 이유는 물리쳐야 하며, 그래야 의무가 귀찮은 일이 아니라 즐거운 일이 된다. 의무를 귀찮게 여기는 사람은 이기적인 쾌락이나 자신을 위한 이익만을 갈망하는 사람이다. 의무를 성가시고 귀찮게 여기는 사람은 자신을 돌아보라. 그런 마음은 의무 자체에서 생기는 게 아니라, 의무를 피하고 싶은 이기적인 욕심에서 비롯된 것임을 알게 될 것이다.

의무가 크든 작든, 공적이든 사적이든, 그것을 소홀히 하는 사람은 덕을 소홀히 하는 것이다. 마음속으로 의무에 저항하는 사람은 덕에 저항하는 것이다. 의무가 즐거운 일이 될 때, 모든 의무를 정확하고 성실하고 냉철하게 수행할 때, 마음속에서 복잡미묘한 이기심이 제거되고 진리의 절정을 향해 큰 발걸음을 내딛게 된다. 덕이 있는 사람은 자신의 의무를 완벽하게 수행하는 것에 마음을 집중하며, 다른 사람의 의무를 간섭하지 않는다.

아홉 번째 단계는 확고한 정직함과 완전한 도덕성을 실천하는 것이다. 이 덕목은 사람들의 마음속에 확고하게 뿌리내리고 사람들의 삶 속에서 아주 작은 부분까지 녹아들어야 한다. 모든 부정, 속임수, 사기, 거짓은 영원히 버려야 하고, 마음속에 흔적조차 남기지 말아야 한다. 정직함과 올바름의 길에서 조금이라도 벗어나는 것은 넋에서 빗내니는 것과 같다.

말 속에 엉뚱함과 과장이 있어서는 안 되며, 입에서 나오는 말은 모두 진실해야 한다. 허영심이나 개인적인 이익을 위해 남을 속이는 것은 그것이 아무리 사소해 보이는 일이라도 없애야 할 망상의 상태다. 덕을 쌓는 사람은 생각과 말과 행동에서 가장 엄격한 정직성을 실천해야 할 뿐 아니라, 실제 진실에서 아무것도 더하거나 빼지 말고 정확한 말만 해야 한다.

이렇게 자신의 마음을 정직성과 도덕성의 원리에 맞게 형성할 때, 사람은 점점 더 바르고 공정하게 사람과 사물을 대하게 되며, 자신보다 공정을 먼저 생각하게 되고, 개인적인 편견, 욕심, 선입관에서 벗어야 모든 사물을 자유롭게 바라보게 된다. 정직의 미덕을 완전히 실천하고 이해하고 나면, 거짓과 위선에 대한 모든 유혹이 사라져 비로소 마음이 더 순수하고 고결해진다. 그러면 인격은 더욱 단단해지고, 깨달음이 깊어지며, 삶은 새로운 의미와 힘을 얻는다. 여기까지 이루어졌을 때, 아홉 번째 단계가 완성되는 것이다.

열 번째 단계는 무한한 관용을 실천하는 것이다. 이 단계에서는 허영심과 이기심, 교만에서 비롯된 상처를 극복하고, 모든 사람에게 사심 없는 관대함과 넓은 마음을 연습한다. 앙심, 보복, 복수심은 지

극히 천박하고 비열하고 시시하고 어리석은 마음이
므로, 생각하거나 마음속에 품을 가치가 없다. 그런
마음을 키우는 사람은 어리석음과 고통에서 벗어나
자신의 삶을 바른길로 이끌 수 없다. 그런 마음을 물
리치고 그런 생각에 마음이 흔들리지 않아야 진정
한 삶의 방식에 눈뜰 수 있다. 너그럽고 관대한 마음
을 키워야만 질서정연한 삶의 힘과 아름다움에 다
가갈 수 있다.

덕을 굳건하게 쌓은 사람의 마음에는 개인적으로
상처를 받았다는 감정이 생길 수 없다. 그런 사람은
모든 보복의 감정을 멀리하므로 주변에 적이 없다.
다른 사람이 자신을 적으로 여겨도, 그의 무지함을
이해하고 살펴 더 친절하게 대할 것이다.

이런 마음 상태에 도달할 때 자신의 이기적 성향
을 다스리는 훈련의 열 번째 단계가 완성된다. 그때
야 비로소 덕과 깨달음을 위한 세 번째 큰 과업을 배

우고 숙달하게 된 것이다.

지금까지 올바른 행동과 올바른 깨달음을 이루는 열 단계의 실천 과제를 제시하였으므로, 독자들은 일상생활에서 이 과제를 꾸준히 익히고 숙달하기를 바란다.

물론 몸을 다스리기 위한 더 높은 수련이 있고, 말을 절제하기 위한 더 폭넓은 수련이 있으며, 행복과 깨달음의 최고 상태를 깨닫기 전에 습득하고 이해해야 할 더 크고 포괄적인 덕들이 있다. 하지만 그 부분은 이 책의 목적을 벗어나므로 여기서 다루지 않겠다. 나는 더 높은 길로 향하는 가장 쉬운 첫 번째 과업들만 설명했다. 그 과업들에 완전히 숙달할 때쯤이면 독자들은 충분히 정화되고, 단련되고, 생각이 깨어나 더는 어둠 속에 머물러 있지 않게 될 것이다.

이 세 과업을 완수한 독자들은 이미 진리의 높은

고도를 넘어, 그곳에 이르는 좁고 가파른 길을 인식했을 것이므로, 앞으로 더 나아갈지 말지는 각자의 선택에 달렸다.

모든 사람은 내가 제시하는 곧은길을 따라 자신과 세상에 더 큰 이익을 줄 수 있다. 진리의 성취를 열망하지 않는 사람들도 이 길에서 자신을 완성하게 되면, 더 큰 지적 힘과 도덕적 힘, 더 정확한 판단력, 더 깊은 마음의 평화를 얻게 될 것이며, 이러한 변화로 물질적 번영이 손해를 입을 일은 없으며, 오히려 더욱 오래 번창할 것이다.

왜냐하면 그런 과업에 성공할 수 있고, 그런 과업을 성취하기에 적합한 사람이라면, 자신의 사소한 약점과 일상의 나쁜 습관을 모두 버릴 것이며, 자신의 육체와 정신을 다스릴 만큼 강할 것이며, 확고한 진리와 진정한 덕을 흔들림이 없이 추구할 것이기 때문이다.

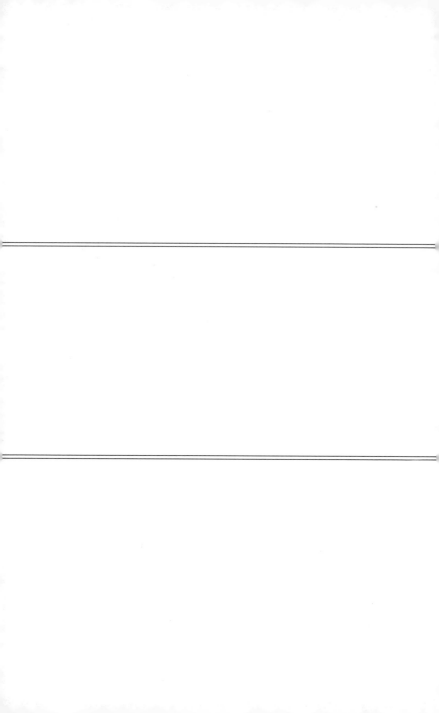

13장

♠

올바른 정신이
깃든 삶

♠

올바른 삶을 위한 더 많은 단계와 과업에 관한 자세한 설명은 이 책의 범위를 벗어난 과제이므로, 이제부터는 인간의 삶 전체가 비롯되는 마음 상태에 관해 몇 가지 유용한 조언을 건네는 것이 더 적절할 듯하다. 이 조언은, 삶을 기꺼이 배우려는 사람들을 위해 사랑과 지혜, 평화가 기다리고 있는, 마음과 정신의 내부를 더 깊이 파헤칠 준비가 되어 있고 그럴 의지가 있는 사람들에게 도움이 될 것이다.

모든 죄는 무지에서 비롯된다. 무지는 세상을 이해하는 눈이 어둡고 정신이 성숙하지 못한 상태다. 잘못된 생각과 행동을 하는 사람은 인생이라는 학교에서 무지한 학생과 같다. 바르게 생각하고 행동하는 법, 즉 법칙에 따라 생각하고 행동하는 방법을 아직 배우지 못한 것이다. 배움의 과정에 있는 학생이 자신이 배워야 할 것들을 배우지 못하면 행복하지 않듯이, 죄가 극복되지 않는 한, 불행은 피할 수 없다.

인생은 배움의 연속이다. 어떤 사람은 배움에 부지런하여 순수하고 지혜롭고 행복해지는 반면, 어떤 사람은 배움을 소홀히 하고 배운 것을 스스로 적용하지 않아 불순하고 어리석고 불행해진다.

모든 형태의 불행은 잘못된 마음가짐에서 비롯된다. 행복은 올바른 마음 상태에 내재해 있다. 행복은 정신이 조화를 이룬 상태이고, 불행은 정신이 조화를 이루지 못한 상태다. 사람은 잘못된 마음 상태로 사는 한, 잘못된 삶을 살게 되고 계속해서 고통받는다.

고통은 그릇된 생각에 뿌리를 둔다. 행복은 깨달음 속에 있다. 사람은 자신의 무지와 잘못, 자기기만을 무너뜨릴 때만 구원을 얻는다. 그릇된 마음 상태가 있는 곳에 속박과 불안이 있고, 올바른 마음 상태가 있는 곳에 지유와 평안이 있다.

다음은 그릇된 마음 상태의 대표적인 예와 그 상태가 삶에 미치는 파괴적인 결과를 정리한 것이다.

• 그릇된 마음 상태 •

증오
상처, 폭력, 불행, 고통

색욕
정신적 혼란, 후회, 수치, 비참함

탐욕
두려움, 불안, 불행, 상실감

자만
실망, 굴욕, 자기 인식의 결여

허영심
빈곤, 굴욕

이와 같은 그릇된 마음 상태는 부정적인 결여의 상태다. 그것은 암흑과 결핍의 상태일 뿐 긍정적인 힘의 상태가 아니다. 악은 힘이 아니라, 선에 무지한 상태이며 선을 잘못 사용하는 것이다. 증오심에 가득 찬 사람은 사랑의 교훈을 올바르게 실천하지 못한 사람이며, 그 결과로 고통을 겪는다. 그가 사랑의 교훈을 바르게 실천하면 증오심은 사라질 것이며, 증오의 어두움과 무력함을 깨닫게 될 것이니. 이 법칙은 다른 모든 그릇된 마음에도 똑같이 적용된다.

다음은 좀 더 중요한 올바른 마음 상태의 몇 가지 예와 그 상태들이 삶에 미치는 이로운 결과들이다.

• 올바른 마음 상태 •

사랑
평화로운 상황, 행복, 축복

순수함
지적 명료함, 즐거움, 확고한 자신감

이타심
용기, 만족감, 행복, 풍요

겸손함
차분함, 안정, 진리의 이해

온화함
모든 상황에서의
정서적 균형감과 만족감

여기서 말하는 올바른 마음 상태는 긍정적인 힘이자 빛의 상태이며, 즐거운 소유이자 깨달음의 상태다. 선한 사람은 안다. 그는 삶의 교훈을 바르게 실천하는 법을 배웠기 때문에, 그 교훈들이 정확히 어떤 비율로 삶 전체를 구성하게 되는지 안다. 그는 깨달음을 얻었으므로 선과 악을 구별하며, 지극히 옳은 일만 하므로 더할 나위 없이 행복하다.

더 높은 삶에 서서 아래로 고요히 내리는 빛 아래 서라. 사람은 모든 그릇된 마음 상태를 버리고, 끊임없이 인내하며 선을 실천하라.

마음을 맑게 지킴으로써 그 속에서 나오는 악은 하루하루 줄어들고 선은 하루하루 늘어나도록 하라. 그리하면 나날이 강해지고, 더 고결해지며, 더 현명해질 것이다. 행복은 더 커질 것이며, 진리의 빛이 그의 내면 안에서 점점 밝게 빛나 모든 어둠을 몰아내고 그의 길을 환하게 밝혀줄 것이다.

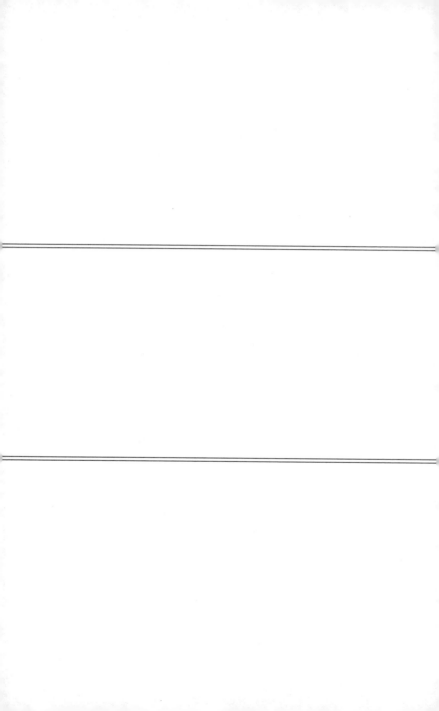

14장

♠

당신을 위한
마지막 조언

♠

진리를 배우려는 자, 덕을 사랑하는 자, 지혜를 구하는 자, 이기적인 삶의 공허함을 알고 슬픔에 빠진 자, 지극히 아름다우며 고요하게 기쁜 삶을 열망하는 자, 그대들은 모두 자신의 정신을 갈고 닦으며 자기 수련을 위한 문을 열고 들어가 더 나은 삶을 알아가라.

자신을 속이지 말라. 자신을 있는 그대로 바라보라. 덕의 길을 있는 그대로 바라보라. 진리에 이르는 게으른 방법은 없다. 산 정상에 서려는 사람은 한발 한발 힘차게 산을 올라야 하며, 힘을 모을 때만 쉬어야 한다. 하지만 산을 오르는 과정은 산 정상만큼 눈부시게 멋지지는 않지만 그 자체로 멋진 경험이다. 자기 수련 역시 그 자체로 아름다우며 그 결과는 달콤하다.

아침에 일찍 일어나고 눈을 뜨면 조용히 명상하라. 그릇된 생각과 나약함을 물리치고 강화된 육체와 정신으로 하루를 시작하라. 준비되지 않은 자세로는 절대 유혹을 이겨낼 수 없다.

고요한 시간에는 마음을 무장하고 정돈해야 한다. 정신이 진리를 발견하고 깨닫고 이해하도록 훈련해야 한다. 올바른 이해가 쌓이면 죄와 유혹은 저절로 사라진다.

올바른 이해는 멈추지 않는 자기 수양으로 이룰 수 있고, 사람은 자기 수양을 통해서만 진리에 이를 수 있다. 인내는 노력과 실천으로 굳건해질 것이며, 자기 수양을 더욱 빛나게 만들 것이다.

인내심이 없는 사람, 세상을 자기중심으로만 이해하는 사람에게 수양은 귀찮은 일이다. 그래서 그것을 피하고 계속 방종하며 혼란스럽게 산다.

진리를 사랑하는 사람에게 수양은 귀찮은 일이 아니다. 그러므로 그는 기다리고 실천하며, 극복할 수 있는 무한한 인내심을 갖는다. 정원사가 자신의 꽃이 나날이 자라는 모습을 보고 기뻐하듯이, 자신을 수양하는 사람은 자기 마음속에 순수, 지혜, 연민, 사랑이 무럭무럭 꽃피우는 모습을 보며 기뻐한다.

방탕하게 사는 사람은 슬픔과 고통에서 벗어나지 못한다. 훈련되지 않은 마음은 격정적인 감정의 맹공격 앞에 나약하고 무력하게 쓰러지고 만다.

그러므로 진리를 사랑하는 자여, 그대는 자신의

마음을 잘 정돈하라. 언제나 조심하고, 신중하고, 단호하라. 그대의 구원은 가까이 있다. 그대의 준비와 노력만 있으면 된다. 열 번 실패하더라도 실망하지 마라. 백 번 실패하더라도 다시 일어나 가라. 천 번 실패하더라도 절망하지 마라. 올바른 길로 들어섰다면 그대가 포기하지 않는 한, 성공은 확실하다.

먼저 투쟁이 있고 그다음에 승리가 있다. 먼저 노력이 있고 그다음에 휴식이 있다. 먼저 나약함이 있고, 그다음에 강인함이 있다. 처음에는 낮은 삶이 있고, 그다음은 격렬하고 혼란스러운 전투가 있으며, 마지막에는 아름다운 삶과 고요함, 그리고 평화가 있다.

모든 일상적인 경험

매일 되풀이되는 일과

날마다 시작되고 날마다 끝나는 것

우리가 경험하는

모든 즐거움과 불만은

우리가 오를 수 있는

원형의 계단이라네.

우리에게는 날개가 없어

높이 날 수는 없지만

다리가 있으므로

오르고 또 오를 수 있다네.

-헨리 워즈워스 롱펠로

아포리아 01

제임스 앨런 원인과 결과의 법칙

1판 1쇄 발행 2024년 8월 28일
1판 4쇄 발행 2024년 10월 30일

지은이 제임스 앨런
옮긴이 박선영
펴낸이 김영곤
펴낸곳 (주)북이십일 21세기북스

정보개발팀장 이리현
정보개발팀 이수정 강문형 최수진 김설아 박종수
디자인 표지 수란 **본문** 이슬기
출판마케팅팀 한충희 남정한 나은경 최명열 한경화
영업팀 변유경 김영남 강경남 최유성 전연우 황성진 권채영 김도연
제작팀 이영민 권경민
해외기획실 최연순 소은선 홍희정

출판등록 2000년 5월 6일 제406-2003-061호
주소 (10881) 경기도 파주시 회동길 201(문발동)
대표전화 031-955-2100 **팩스** 031-955-2151 **이메일** book21@book21.co.kr

ⓒ 제임스 앨런, 2024
ISBN 979-11-7117-766-0 03320
KI신서 12988

(주)북이십일 경계를 허무는 콘텐츠 리더

21세기북스 채널에서 도서 정보와 다양한 영상자료, 이벤트를 만나세요!

페이스북 facebook.com/jiinpill21   **포스트** post.naver.com/21c_editors
인스타그램 instagram.com/jiinpill21 **홈페이지** www.book21.com
유튜브 youtube.com/book21pub

제임스 앨런 콜렉션
작품 목록

『번영의 길 The Path of Prosperity』(1901)
제임스 앨런의 데뷔작.

『원인과 결과의 법칙 As a Man Thinketh』(1902)
성공철학의 원류로 꼽히는 제임스 앨런 대표작.

『모든 것은 마음에서 Out Form the Heart』(1904)
『원인과 결과의 법칙』의 속편으로 살면서 지켜야 할
원칙을 다룬다.

『가난에서 번영으로 From Poverty To Power』(1904)
『번영의 길』(1901), 『평화의 길 The Path of Peace』(1901) 합본.

『평화의 시 Poems of Peace, including the lyrical-dramatic poem
Eolaus』(1907)
서정적이고 극적인 시 「에올라우스」를 포함한 그가 남긴
영감 넘치는 시 36편.

『승리하는 삶 The Life Triumphant: Mastering the Heart and Mind』
(1908)
내면의 혼란을 극복하는 실천적인 지침을 다룬 책.

『운명의 지배 The Mastery of Destiny』(1909)
『승리하는 삶』의 속편. 자제력, 습관 형성 등 개인이
성공하기 위한 실용적인 지침들.

『아침과 저녁의 생각 Morning and Evening Thoughts』(1909)
앨런이 직접 저술한 유일한 명상집. 31일간 아침, 저녁의
명상을 돕는 단상.

『삶의 소용돌이를 넘어 Above Life's Turmoil』(1910)
출간 이후 삶의 큰 도전 앞에 선 수많은 이들에게 도움이
되어 온 책. 시련과 고난 속에서 내면의 평화와 행복을
찾는 방법.

『부의 여덟 기둥 Eight Pillars of Prosperity』(1911)
부의 원천을 다룬 책을 내겠다는 앨런의 숙원이 담긴 책.
부와 성공을 위해서는 여덟 가지 단단한 기둥이 필요하다.

『인간: 마음, 몸, 환경의 왕 Man: King of Mind, Body and
Circumstance』(1911)
인생은 어떻게 살아야 하는지를 배우고 어떤 일에서
성공할 수 있는지 알아내는 데 달려 있다. 인생의 주인이
되는 지혜.

『삶이 어려울 때 비추는 빛 Light on Life's Difficulties』(1912)
대처할 준비가 되어 있지 않은 인생의 문제들을 해결할
지혜를 주는 책.

『행복과 성공의 초석 Foundation Stones to Happiness and
Success』(1913)
제임스 앨런 유고로 앨런의 사후 1년째 되는 해에 출간된
책. 우선순위에 대하여 다루는 가장 실천적인 지침서.

미수록도서

Byways of Blessedness(1904)

The Heavenly Life(1907)

Through the Gate of Good; or, Christ and Conduct
(1907)

From Passion to Peace(1910)

All These Things Added(1910)
The Heavenly Life(1907), Entering the Kingdom
(1908) 합본